POURQUOI SARKO VA GAGNER

Éric Brunet

POURQUOI SARKO VA GAGNER

Albin Michel

« Il y en a qui vont attraper un torticolis à force de me voir rebondir. »

Nicolas Sarkozy

Mea culpa…

J'ai 47 ans et largement dépassé l'âge de raison mais, je le confesse, je n'ai jamais voté de ma vie. Jamais mis les pieds dans un isoloir. Jamais touché un bulletin de vote. Pourtant, j'ai décidé de mettre un terme à cet autisme électoral. Je m'apprête à faire l'expérience de la démocratie. Le printemps 2012 sera mon Printemps arabe.

À mes amis qui, jusqu'à présent, ne manquaient pas de relever cette incongruité – qui dure depuis mes 18 ans –, je répondais toujours par les mêmes pirouettes, selon les interlocuteurs et l'humeur du moment :

Cynique : « Oh, tu sais, une voix de plus, une voix de moins, ça ne changera pas grand-chose ! As-tu déjà vu une élection se gagner à une voix ? »

Provocateur : « Le droit de vote est trop précieux pour que je le gaspille inconsidérément. Je veux bien voter, mais à condition de passer une soirée entière en tête à tête avec chaque candidat. »

Militant désabusé : « Je suis un peu anar de droite. L'abstention, c'est mon problème. Les jours d'élection, je n'arrive pas à aller communier avec ces ravis de la crèche qui convergent, comme un seul homme, vers les bureaux de vote. Il y a du Disneyland dans cette grande kermesse citoyenne. »

Professionnel de l'abstention : « Je ne vote pas, mais j'accepte l'issue du scrutin, quelle qu'elle soit. Alors, respectez mon choix. Je ne dis pas aux autres ce qu'ils doivent ou ne doivent pas faire. »

Historique : « De toutes les façons, les électeurs sont toujours déçus. Invariablement. Après le scrutin, ils se roulent par terre et trépignent comme des enfants capricieux, criant à la trahison. Huit mois après le 10 mai 1981, les premiers bataillons de déçus du socialisme étaient déjà sur le pavé. Il en fut de même pour Chirac, en 1995. Et pour Sarkozy, dès 2008. C'est un rituel démocratique, un incontournable franco-français, que les électeurs zélés et les observateurs avertis font semblant de découvrir après chaque élection. Je suis persuadé qu'autrefois il y eut des déçus de Clovis, d'Henri IV, de Félix Faure et de Vincent Auriol... »

Et puis, un jour, tout a basculé. Un cataclysme. Mon tsunami républicain... Le retour au bercail de la brebis égarée. Que ça plaise ou pas, Nicolas Sarkozy m'a réconcilié avec les urnes. « L'anar de droite » a été séduit par le plus transgressif d'entre nous. Le punk de la droite républicaine. Bluffé par l'hallucinante énergie réformatrice de cet homme moqué, mais toujours debout.

Ça s'est joué vers 2008-2009. Alors que ses électeurs l'abandonnaient – si j'en crois BVA, Opinion Way, Ipsos, Ifop et tutti quanti –, moi, je prenais la décision, au creux de sa cote de popularité, au tréfonds de son premier mandat, de lui apporter un peu de ma considération citoyenne. Celui que nos journaux baptisaient « le nul », « le voyou », « le boulet », aurait pu choisir un autre destin que celui de Président conspué, vomi. Il aurait pu aller pantoufler dans un grand cabinet d'avocats new-yorkais et gagner vingt fois son salaire de président de la République française (19 000 euros net par mois) à 6 000 kilomètres du dialogue social, de Bernard Thibault, François Chérèque et Jean-Claude Mailly...

Oui, un matin, j'ai eu la certitude que ceux qui peuplent mon panthéon intime – Brassens, Blondin, Stendhal, d'Artagnan et les autres – auraient préféré Sarkozy le honni à Hollande, le brave type normal et gentil. Je mesure, à l'instant, le cocasse de la situation. Je ne suis pas un idolâtre. J'évite les militants et leurs louchées de convictions navrantes qui se pensent investis d'un super-pouvoir capable d'infléchir le cours de l'Histoire. Pourtant, ce matin-là, je me suis rendu, presque guilleret, à la mairie de ma commune.

« C'est pas croyable, un truc comme ça ! Un journaliste politique qui n'a pas de carte d'électeur. Vous m'avez apporté votre justificatif de domicile de moins de trois mois ?

– Il est à l'intérieur de mon passeport.

– Et avant d'habiter ici, vous étiez bien inscrit sur les listes électorales, ailleurs ?

– Non.

– Vous n'avez jamais fait de demande avant ?

Le fonctionnaire de mairie antillais considéra ma présence comme une provocation.

« Et là, aujourd'hui, vous vous sentez prêt ?

– Oui. J'ai envie de voter.

– Pour Sarkozy, hein ? Je vous écoute à la radio.

– On ne peut rien vous cacher… »

Son regard s'illumina :

« Ah, première erreur ! Vous n'étiez pas obligé de me répondre. Le vote, c'est un truc secret. Attention, monsieur Brunet !

– Merci de vos conseils… Je débute.

– Mais avec votre métier, on ne vous a jamais épinglé ?

– Non. On aurait dû ?

– Vous dites aux gens qu'il faut voter à droite,

14

et vous, rien ! Faites ce que je dis, faites pas ce que je fais, hein ? Ils disent quoi vos patrons à la radio et à la télé ?

– Ils ne savent pas. Ou alors ils s'en foutent. Je n'ai tué personne !

– C'est quand même insensé d'avoir attendu trente ans ! Une demande de carte d'électeur, c'est cinq minutes de démarches ! Et hop, vous récupérez le document quinze jours plus tard en mairie. Moi en tout cas, cette fois-ci, je ne me referai pas avoir.

– Comment ça ?

– Je veux dire que j'ai déjà voté Sarkozy en 2007. Eh ben en 2012, walou ! Le libéraliss', les mallettes de billets... La France doit passer à autre chose... »

Lourd silence devant le comptoir « cartes d'électeurs » de la mairie.

« Voilà, monsieur Brunet, elle sera prête lundi en 8. Vous pourrez passer en mairie pour la récupérer. »

Ainsi soit-il. Je suis inscrit ! Prochaine étape : franchir la porte de l'isoloir.

En attendant ce jour, je suis l'un des 43 millions de Français qui composent le corps électoral[1]. J'arrive au bon moment. Le nombre d'inscrits ne

----

1. Source : ministère de l'Intérieur.

cesse de décroître. Ils, pardon, « nous » étions un million de plus en 2007 ! Navrante érosion. Serions-nous comme les pandas, une espèce inadaptée à son époque et condamnée à disparaître ?

Rendez-vous à l'Élysée

Ce matin, je me rends à l'Élysée pour un tête-à-tête avec Nicolas Sarkozy. Alain Carignon, son conseiller en communication pour la campagne de 2012, l'a informé de mon projet. En marchant, rue du Faubourg-Saint-Honoré, je songe à l'impression que Sarkozy a produite sur le philosophe Michel Onfray, lors de leur unique entrevue. J'écoute parfois Michel Onfray sur France Culture et je ne peux chasser de mon esprit le texte terrible rédigé par le philosophe quelques jours après sa rencontre avec Sarkozy, le 20 février 2007 :

« Je sens l'air glacial que transportent avec eux ceux qui, d'un geste du pouce, tuent ou épargnent. Poursuite du monologue. Logorrhée interminable. Vacheries lancées comme le jet de fiel d'une bile malade ou comme un venin pulsé par le projet du meurtre. Hâbleur, provocateur, sûr de lui en excitant l'adversaire à se battre, il affirme en substance : "Alors, on vient voir le grand démagogue, alors qu'on n'est rien du tout et, en plus, on vient se jeter dans la gueule du loup… !" »

Je m'en veux. Suis-je fou de consacrer un livre à l'occupant de l'Élysée ? J'aurais plutôt dû écrire cette bio de Giscard, à laquelle je rêve de m'attaquer depuis des années.

Sarkozy a cinq minutes de retard. Il s'en excuse en me faisant pénétrer dans son bureau. Il m'installe côté salon, dans un petit fauteuil jaune, et me propose un café :

« Vous prenez du sucre ?

– Sans sucre, monsieur le Président. »

Il allonge ses jambes et pose ses pieds sur la table basse en verre. Ses mocassins ne portent pas de talons exagérément hauts. Je les compare aux miens : même taille. Un centimètre et demi tout au plus. Je lance la conversation sur *La Conquête*, le film de Xavier Durringer dans lequel Denis Podalydès incarne Nicolas Sarkozy. La genèse de l'arrivée au pouvoir, entre 2002 et 2007, la bataille avec Villepin, Cécilia… Je lui dis :

« Film intéressant. Dominique de Villepin et Jacques Chirac n'en sortent pas grandis. En revanche, je ne le trouve pas si dur avec vous. Sarkozy s'en sort bien ! »

Le Président sourit :

« Que voulez-vous, un brave type qui se fait plaquer par sa femme, ça inspire de la compassion ! »

Nous sommes vendredi matin et il est 10 heures. Je suis surpris : le remuant, l'agité demeure bien en place, apaisé. Pas un tic, pas un mouvement de trop. Pas d'effet de manche. Pas d'allers-retours sur l'épais tapis XVIIIᵉ. Pas de bras qui s'agitent. Pas de gesticulation. Pas de portable qui sonne. Pas d'huissier qui nous interrompt.

« Avec les chaînes d'information continue sur la TNT, avec Internet, la campagne électorale de 2007 a produit une quantité d'images jamais atteinte jusqu'à présent. Les Français m'ont vu des centaines de fois à l'écran. En situation d'interview, pris sur le vif, filmé à mon insu, en France, à l'étranger. Tous les jours ! Impossible de tricher avec ça. Ils ont appris à décrypter les images. Ils me connaissent mieux qu'aucun Président de la Vᵉ. Le résultat de 2012 sera serré. Rien à voir avec le 53/47 de 2007. La dernière élection était une exception. Je ne parle pas de 2002 bien sûr... 2012, ce sera autour de 51/49. Dans la grande tradition des seconds tours en France. »

Bien entendu, nous parlons de la strauss-kahnie orpheline et des multiples ondes de choc de l'Affaire. Sarkozy poursuit :

« C'est une bombe à fragmentation pour la gauche. »

Je tente :

« Est-il vrai qu'avant son départ pour Washington, vous avez mis en garde DSK en lui disant : "Aux États-Unis, tu ne montes plus seul dans un ascenseur ?"

– C'est faux. C'est une légende urbaine.

– Aucun camp n'est à l'abri d'un tel scandale, cela peut arriver à l'UMP ?

– Le problème de DSK, c'est que beaucoup de ses conseillers lui ressemblaient. Je ne parle pas de mœurs, bien entendu. Mais dans un groupe, quand on a le même profil culturel, sociologique, politique, philosophique, la même approche des problèmes, on prend un risque. Le clonage, ce n'est pas fécond et ça peut rendre un groupe aveugle face à un danger. Moi, on me reproche souvent d'être entouré de personnes peu académiques. C'est vrai, et il m'arrive parfois d'être en désaccord avec quelqu'un comme Henri Guaino. Lui ou un autre. L'hétérogénéité, c'est parfois difficile à assumer. Mais nos différences ont un point positif. Quand ils estiment que je me fourvoie, ou que je mets le groupe en danger, ils me le disent très vite. »

Après une heure cinq d'entretien, je prends congé d'un Sarkozy presque « hollandisé » : un Président « normal », qui n'a rien à voir avec le cabot survolté que l'on me décrit depuis cinq ans... En quittant l'Élysée, je pense encore à Michel Onfray décrivant le bureau de Sarkozy, place Beauvau, quelques mois avant son élection à la présidence de la République :

« Grand moment de transe chamanique dans le bureau d'un ministre de l'Intérieur aspirant aux fonctions suprêmes de la République ! Odeurs de sang et de remugles primitifs, traces de bile et de fiel, le sol ressemble à la terre battue jonchée d'immondices après une cérémonie vaudoue… »

Maintenant j'en suis certain : ce jour-là, Michel Onfray avait abusé de substances psychotropes.

Le bâtard de la République

« Je suis le bâtard », lâcha un jour, de dépit, Nicolas Sarkozy à Franz-Olivier Giesbert. On est loin de l'arrogance du « Président des riches ». Le bâtard, c'est un métèque, ni pauvre ni riche. Ni grand bourgeois ni prolo estampillé. Ni énarque ni OS. Ni HEC ni chômeur. Ni normalien ni self-made-man. Ni polytechnicien ni artisan coiffeur. Un bâtard, c'est un mal-né. Un type à qui l'on reproche toute sa vie de ne pas être légitime. Le bâtard a le droit de vivre, certes, mais pas celui d'être en harmonie avec son cadre de vie. Le bâtard navigue entre les mondes. Il est de nulle part. Le métis, lui, est envié, il est aux confluences. Il rassemble, met en commun. Être métis, c'est gratifiant. A contrario, être bâtard, c'est la honte. Le bâtard, n'a pas l'ADN requis pour occuper de hautes fonctions. Le bâtard est trop petit pour porter le costume de la République, mais trop revanchard pour se satisfaire d'un second rôle. Le bâtard est une transgression. Le bâtard n'a rien à faire à l'Élysée !

« Je n'ai pas aimé mon enfance, j'ai été trop humilié[1] ! » a aussi un jour confié le Président à Nicolas Domenach et Maurice Szafran.

Sarkozy a-t-il été un enfant complexé ? Boris Cyrulnik dirait sans doute de lui qu'il fait partie de ces « résilients » qui se sont construits en dépit de leurs fêlures intimes. Oui, Sarkozy est différent. Il ne pratique ni le tennis comme David Cameron ou Tony Blair, ni le golf comme François Mitterrand, George Bush, Barack Obama et tous les grands de la terre, ni le bobsleigh comme le prince Albert de Monaco, ni le polo comme le prince Charles, ni le base-ball comme le Premier ministre chinois Wen Jiabao. Il court comme Mehdi Baala et il fait du vélo comme Thomas Voeckler. Sans afféterie. Je veux dire par là que ses joggings et ses virées à bicyclette aux alentours de Brégançon n'ont rien à voir avec la passion calculée de Giscard pour l'accordéon, ce grand bourgeois qui avait décidé, avant de briguer la magistrature suprême, de « faire peuple » en s'initiant à l'instrument roi des bals populaires.

Nicolas Sarkozy ne boit pas d'alcool. Même pas de vin. Celui que la presse nous présente comme

------

1. Nicolas Domenach, Maurice Szafran, *Off, ce que Nicolas Sarkozy n'aurait jamais dû nous dire*, Fayard, 2011.

un virtuose de la communication aurait pu nous servir un bobard médiatique. Mentir une paire de fois. Sacrifier devant quelques caméras à ce rituel si français. Nous jouer la comédie, un verre de meursault à la main, pour plaire à ce vieux pays couvert de vignes. Un petit coup de béret-baguette-rillettes-tête de veau-camembert, juste pour satisfaire la filière agro-alimentaire française. La France était toute disposée à gober un petit mensonge, à entendre une petite comédie gauloise. Il ne l'a pas fait.

« Il déteste la retenue inhérente aux élites traditionnelles, dont il fustige depuis longtemps l'hypocrisie[1] », explique Dominique de Villepin. Sarkozy n'a jamais joué à l'amateur de tête de veau. À l'Élysée, il a considérablement raccourci la durée des déjeuners et des dîners officiels. Il prend peu de plaisir à table, préférant le luxe – c'est vulgaire, nous dit-on – de la Riviera aux rendez-vous estivaux que la nomenklatura affectionne : l'île de Ré, le Luberon, le Cap-Ferret... Il écoute de la variété française et célèbre sa victoire place de la Concorde entouré de Mireille Mathieu, Enrico Macias, Gilbert Montagné ou Jean-Marie Bigard. Pas vraiment Rive gauche, tout ça...

« Il ne sera jamais un bourgeois comme les autres,

---

1. Dominique de Villepin, *De l'esprit de cour. La malédiction française*, Perrin, 2010.

analysent Szafran et Domenach, avec maison de campagne, photos ou portraits d'ancêtres aux murs, portique avec balançoire et trapèze dans le jardin, messe et gigot-haricots verts du dimanche, des mondanités un peu vaines, qu'il fuit encore aujourd'hui. » Et si, dans les beaux quartiers, on moquait les sports populaires, tous les étés, le petit Nicolas regardait seul le Tour de France : Eddy Merckx, Joop Zoetemelk, Luis Ocaña… Le lyrisme de la Grande Boucle l'a fait entrer par la grande porte dans la poésie française.

Un père cynique, mythomane, qui s'inventait des châteaux en Hongrie. Un père absent, surtout, qui oubliait trop souvent de payer la pension alimentaire et qui refusait toute aide à ses enfants. Une mère qui semblait marquer une nette préférence pour son frère Guillaume : « Ma mère n'a rien voulu voir. » Et des frères, justement, qui ne se privaient pas de mettre quelques peignées à « Nico la Colère »… Aujourd'hui encore, Sarkozy est hanté par l'idée de reproduire ce qu'il considère comme un échec familial.

Je me sens en empathie avec ce Sarkozy-là, qui fut un enfant petit et rondouillard, mauvais élève en classe, et plutôt chahuteur. Fils de divorcés à une époque et dans un biotope où ça se portait mal, Nicolas Sarközy de Nagy-Bocsa vivait dans les beaux quartiers certes, mais sans fortune, sans relations, sans aisance : « J'avais la place du pauvre chez les riches[1]. » J'aime bien ce « Président hybride ». Français, mais aussi Hongrois par filiation (Pál Sarkozy, son père, ne s'est fait naturaliser qu'en 1975). J'aime bien ce « bâtard de la République » qui s'est marié en troisièmes noces avec une Italienne, après avoir épousé en deuxièmes noces une Espagnole. J'éprouve une certaine sympathie pour ce Président de droite qui rompt les codes de la société bourgeoise en invitant une quinzaine de ministres d'origine étrangère au gouvernement. Comment rester insensible au parcours de ce recalé de Sciences-Po, d'ailleurs entouré de recalés célèbres ? Éric Besson et Henri Guaino, qui ont échoué à l'ENA, Brice Hortefeux qui, comme lui, a échoué à Sciences-Po...

J'aime bien celui qui a confié un jour à l'ambassadeur des États-Unis qu'il avait souhaité devenir président de la République française pour faire mentir son père qui lui avait autrefois lancé : « Quand on s'appelle Sarközy de Nagy-Bocsa, on ne peut pas espérer grand-chose en France. » J'aime bien celui qui se bat contre la nature pour demeurer svelte. En septembre 2011, les photos new-yorkaises du Président en chemise noire et chaîne en or alimen-

---

1. Nicolas Domenach, Maurice Szafran, *Off, ce que Nicolas Sarkozy n'aurait pas dû nous dire, op. cit.*

tèrent à nouveau les blogs hostiles : leurs auteurs lui trouvaient des airs de Tony Montana, le héros mafieux de *Scarface*. Mais qu'on se le dise : Sarkozy ne portera jamais les rassurants blazers à carreaux de Pierre Méhaignerie. Il n'aura jamais la distinction aristocratique de Dominique de Villepin, le méché calculé et le phrasé hautain d'Arnaud Montebourg, le décontracté germanopratin de Pierre Moscovici, la désinvolture nonchalante de Jacques Chirac ou l'aplomb décomplexé, façon directeur de camping, de Jean-Luc Mélenchon.

Je me sens proche de ce type dont le socle culturel ressemble si peu à celui des grands commis de la République. Quand même, sa croyance en la supériorité des systèmes anglo-saxons et sa foi dans la nécessité de s'en inspirer pour accroître la compétitivité de la France avaient un parfum diablement décalé dans la France de 2007 ! Souvenons-nous de l'échange particulièrement commenté du Guilvinec, dans le Finistère Sud, en novembre 2007. Le climat est brûlant. Le Président va-t-il réussir à désamorcer la colère des marins pêcheurs ? Touchés de plein fouet par la hausse du prix du pétrole, les professionnels du secteur ont multiplié les actions pour attirer l'attention du gouvernement. En visite au Guilvinec, un mardi matin, Nicolas Sarkozy choisit d'annoncer une série de mesures à l'issue d'une rencontre avec des représentants des manifestants. Mais

300 braillards ont fait le déplacement pour en découdre. Invectives, sifflets, banderoles hostiles... Sarkozy est tendu. Il répond aux injures : « Toi, si tu as quelque chose à dire, tu n'as qu'à venir ici ! » puis : « Tu n'as qu'à descendre ! » Une fois n'est pas coutume, le « bâtard » a transgressé l'usage. En une phrase, en quelques mots, Sarko apporte de l'eau au moulin de ses détracteurs, ces singes moqueurs si policés, si bien *gestés*.

Je me souviens encore des journalistes raillant l'inculture de Sarkozy. Devant une assemblée de confrères blasés et rigolards, le Président avait disserté sur la célèbre fresque de Zola : les Rougon-Macquart. Ce jour-là, il prononça « RouJon Macquart ». Clins d'œil entendus, coups de coude dans les côtes et scoops dans les dîners en ville : le Président est un crétin. Et la presse entière de moquer ce chef d'État citant si souvent *La Princesse de Clèves*. « C'est le seul livre qu'il a lu », rigolaient les 37 000 cartes de presse du pays. Lors de mon entrevue avec le président de la République, j'ai souhaité aborder ce sujet. Mais comment formuler ma question sans la rendre humiliante ? J'optai pour la technique de la phrase inachevée. Soft : « Le Président qui n'a lu que *La Princesse de Clèves*... » Nicolas Sarkozy affaissa lentement la tête en avant et marqua un temps d'arrêt, caressant machinalement la pointe de sa cravate. Après quarante minutes d'échange, il se ferma quelques secondes. Un siècle. Puis relevant la tête : «Je sais : "le Président idiot. Le Président qui ne lit pas." Je sais… De tout ce qu'ils ont écrit, c'est la seule chose qui m'ait fait vraiment mal. » Cette petite cassure à peine perceptible dans la voix…

En 2011, tout Paris bruisse d'un scoop : Carla oblige le Président à visionner chaque soir un film d'art et d'essai. Encore plus drôle : on lui fait des fiches de culture générale pour le remettre à niveau ! Et les rédactions de pouffer… L'écrivain Yann Moix, lui, est plutôt admiratif : « Proust, Stendhal, Balzac, au début il s'est obligé à les lire, mais comme il est très intelligent, il s'est aperçu que la culture, c'était le contraire du chiant. […] Or je ne vois pas où est le mal à dire que Sarkozy s'est mis à aimer passionnément les grands écrivains[1]. » Pourtant même les ultimes communistes moquent la gaucherie de ce Sarko, mal ajusté dans le décorum républicain. Mon copain gascon, Claude Cabanes, ancien éditorialiste de *L'Humanité*, faisait une causerie, au mois d'août 2011, dans une petite librairie gauchiste, située dans un magnifique village médiéval du Gers, Sarrant. Cabanes, éblouissant dandy, portant à merveille foulard, pantalon blanc et valeurs humanistes, faisait la promo de son dernier bouquin consacré à

---

1. *L'Express*, n° 2033, 1er septembre 2011.

Le bâtard de la République

la vulgarité[1]. On parla donc vulgarité devant un parterre d'élégants écologistes, anarchistes, trotskistes, altermondialistes... Comme je m'y attendais, l'échange porta surtout sur Nicolas Sarkozy : le petit homme frénétique, le nabot à talonnettes. En gros, telle une assemblée de lords anglais, ce club d'électeurs situés à la gauche de la gauche s'accorda sur l'idée que l'apparence extérieure du président de la République constituait à elle seule un « crime » social ! Je brûlais de leur dire : souvenez-vous des généraux communistes aux poitrines gonflées d'orgueil sur la place Rouge, disparaissant sous des couches de breloques glanées dans les couloirs du Kremlin. Ils n'avaient peut-être pas de talonnettes, les tsars de l'Armée rouge et du Politburo, mais franchement, dans leur décorum d'opérette, n'étaient-ils pas plus « bling-bling » que Sarkozy ?

Vulgaire, Nicolas Sarkozy ? Peu m'importe. Je juge un homme politique à ses actes, à la façon qu'il a de se tenir debout dans la tempête et non à la coupe de son costume ou à la montre qu'il porte au poignet. « Le monde récompense plus souvent les apparences du mérite que le mérite même », observait La Rochefoucauld dans ses *Maximes*...

---

1. Claude Cabanes, *Éloge de la vulgarité*, Éditions du Rocher, 2011.

Le « bling-bling » et les riches

Le « bling-bling », c'est la plaie qui suppure et refuse de cicatriser. À l'automne 2011, Jacques Le Guen, député UMP du Finistère, confie : « Il y a un véritable phénomène de rejet de la personnalité du Président. De son côté "bling-bling". L'épisode de l'Epad[1] a beaucoup choqué les gens. Dernièrement, j'assistais à un cyclo-cross, où je me suis fait accrocher par plusieurs personnes sur l'augmentation du chômage. On me dit : "Que fait le Président ? Que faites-vous, monsieur le député[2] ?" Les électeurs n'ont pas oublié », regrette Jacques Le Guen.

Sarkozy a-t-il été indécent au point de susciter un tel rejet ? En 1962, dix-sept ans seulement après la

---

1. L'Établissement public pour l'aménagement de la Défense, cette officine à la tête de laquelle Nicolas Sarkozy avait tenté d'imposer son fils, Jean, en 2009.
2. *VSD*, n° 1 782, 20 octobre 2011.

victoire des Alliés sur les nazis, Georges Pompidou acheta une voiture de sport allemande. Il s'agissait d'une Porsche 356 BT6, produite en série entre 1948 et 1965, le modèle qui allait inspirer quelques années plus tard la célèbre 911. Alors qu'il était président de la République française, de 1969 à 1974, il utilisait souvent sa Porsche. Il existe même des photographies du bolide réalisées dans la cour de l'Élysée. Cependant, ni à l'époque ni aujourd'hui, aucun journaliste, aucun homme politique, aucune vedette du showbiz, aucun humoriste n'a pour autant évoqué l'idée que Pompidou était un Président « bling-bling ». Je vous laisse imaginer la rumeur médiatique qu'aurait provoquée l'arrivée de Nicolas Sarkozy en Porsche à l'Élysée...

Le Premier ministre, François Fillon, s'est fait prêter une Ferrari par le patron de la marque italienne, Luca di Montezemolo, lors de ses vacances en Toscane, en 2009. Il s'est même rendu sur le circuit de Maranello, où est basée la célèbre firme automobile, afin de faire quelques tours à grande vitesse... Véritable passionné, François Fillon a également pris part à deux reprises aux 24 Heures du Mans Classic, en 2003 et 2006, à bord d'une Ferrari 250 GTO et d'une Alpine A220. « Tout ce qui roule et qui procure une sensation de vitesse, je prends », déclarait alors François Fillon, dans une interview au site *Autosital.* En 2008, un mal de dos l'a privé de course

et, en 2010, il a été obligé d'y renoncer pour des
« contraintes d'agenda ». À Matignon, on laissait
alors entendre que voir le Premier ministre au
volant d'un bolide – en l'occurrence une BMW M1
de 1979 – ne serait pas le « meilleur des messages
à envoyer » en période de crise. En marge de l'émission *À vous de juger*, François Fillon avait confié à
des journalistes présents, en regardant une photo de
Pompidou : « On ne peut avoir que de la sympathie
pour un homme politique qui roule en Porsche. »
Personne n'a jamais écrit que Fillon était un Premier
ministre « bling-bling ». Alors pourquoi Nicolas
Sarkozy ?

S'adressant un jour à Nicolas Domenach et à
Maurice Szafran, de *Marianne,* le Président s'agaça :
« Quand Chirac était là, vous ne l'interrogiez jamais
sur l'argent et son rapport à l'argent. Hein ? Et
pourtant, il s'en foutait plein les poches, le Chirac.
Alors, les belles âmes, elles étaient où, les belles
âmes ? Elles se réveillent pour me faire la morale,
mais c'était avant qu'il fallait se réveiller. »

Le mot « bling-bling » vient du jargon hip-hop. Il
évoque le bruit des bijoux qui s'entrechoquent.
L'expression a été utilisée pour la première fois en
1999 : c'est le titre d'un tube signé B.G., le leader
des Cash Money Millionaires. Plus tard, elle sera
popularisée par un autre rappeur *made in US*, Lil
Wayne. Au palmarès des objets « bling-bling », on

trouve donc les chaînes en or, les montres et les bagues ostentatoires, les *pimp cups*, sortes de trophées, de coupes, et les *grillz*, ces bijoux en or ou en argent recouvrant les dents, façon JoeyStarr.

Comme toujours, il est difficile de débusquer, dans les brumes d'une histoire récente qui, en France, fut le premier à réserver le terme « bling-bling » à l'usage exclusif de Nicolas Sarkozy. Pourtant, après enquête, si je devais remettre la Palme d'or de la primo-utilisation de l'expression « bling-bling », je récompenserais le journaliste Nicolas Domenach, chroniqueur à Canal+ et directeur adjoint de l'hebdomadaire *Marianne*. Le tube du quinquennat, c'est lui ! Joli buzz de Domenach, qui souhaitait fustiger l'affichage, qu'il jugeait de mauvais goût, de « signes extérieurs de richesse » du Président : une paire de Ray-Ban, une montre de marque Rolex – par la suite Carla lui offrira une Patek Philippe, beaucoup plus chère, mais beaucoup plus discrète –, la soirée au Fouquet's le soir de son élection et les quelques jours de repos sur le yacht de l'homme d'affaires Vincent Bolloré.

Au printemps 2011, un nouveau paramètre a cependant ramené les Français à la raison sur la soi-disant ostentation présidentielle : le standing du couple DSK-Sinclair. Où l'on découvre la fortune colossale de la grande mécène de la gauche française : Anne Sinclair. Je ne vais pas faire ici l'inventaire du patrimoine de l'ex-journaliste de TF1, estimé à plusieurs dizaines de millions d'euros : entre les toiles de maîtres héritées de son grand-père, Paul Rosenberg – dont *L'Odalisque, harmonie bleue* de Matisse, vendue 33,6 millions de dollars, en 2007 –, des immeubles ou maisons sur trois continents : un coquet pavillon valant plusieurs millions de dollars à Washington[1], l'appartement de 200 m^2 de la place des Vosges ou le riad en plein cœur de Marrakech, luxueusement rénové, d'une valeur estimée entre 5 et 8 millions d'euros...

La seule injustice, c'est que les DSK-Sinclair n'ont jamais été qualifiés de « bling-bling » par Nicolas Domenach et ses pairs, ni avant l'étalage newyorkais ni après. Le *bling-bling life style* serait-il incompatible avec la social-démocratie ? L'appartenance au PS immunise-t-elle contre cette pathologie ? Est-ce à dire qu'on sait gré aux DSK-Sinclair « d'en avoir » sans le faire remarquer ? Comme on le dit de ces vieilles fortunes, par opposition aux « nouveaux riches ». Ne venez plus jamais me dire que l'argent n'a pas d'odeur...

Prenons Benoît Hamon, porte-parole du PS, interpellé de bon matin sur le sujet par un auditeur de France Inter, quelques jours après l'affaire du Sofitel de New York. Que pense-t-il de la « prison dorée »

---

1. Mis en vente au moment où j'écris ces lignes.

que s'est offerte DSK ? Gêné, il marmonne : « Je comprends que cela puisse choquer des millions de Français d'entendre parler de loyers pareils. [...] Ce n'est un secret pour personne que DSK compose avec son épouse un ménage fortuné. [...] C'est vrai que ce sont des prix qui apparaissent pour nous tous extrêmement élevés. [...] C'est quelqu'un qui a de l'argent, qui est extrêmement fortuné. » Puis le journaliste explique que cet épisode renvoie une image difficile pour le PS. Réponse embarrassée de Benoît Hamon : « Ce n'est pas que ça ne me dérange pas, j'ai un avis, mais je le garde pour moi. » Quel dommage ! Nous aurions aimé autant de réserve à l'endroit de Sarkozy, quand il s'agissait d'une paire de Ray-Ban Aviator à 140 euros, du week-end chez Bolloré, qui n'a rien coûté au contribuable français, de la soirée au Fouquet's, cet estaminet à touristes des Champs-Élysées où l'on dîne mal et bien moins cher que dans les restaurants feutrés qu'affectionnent les gens de bon goût, comme l'ancien patron du FMI et son épouse.

Certes, Nicolas Sarkozy n'est pas pauvre. D'après la déclaration fiscale qu'il a effectuée peu de temps après avoir accédé à la fonction présidentielle en 2007, le patrimoine du chef de l'État français s'élevait, en 2006, à plus de 2 millions d'euros, dont environ 1,9 million sur des contrats d'assurance-vie à la Société Générale. Si l'on compare sa « fortune » à celle de ses homologues dans le monde, Sarkozy figure pourtant parmi les plus modestes des 194 dirigeants de la planète. C'est le roi de Thaïlande qui remporte la palme (23 milliards d'euros de patrimoine personnel), juste devant le sultan du Brunei (15,8 milliards) et les émirs du Golfe. L'Italien Silvio Berlusconi arrive en sixième position (8 milliards), devant le président du Pakistan (1,4 milliard), celui du Chili (820 millions) et celui de la Guinée-Équatoriale (468 millions). En fin de peloton, on trouve les Premiers ministres australien (48 millions – plus que les DSK-Sinclair) et néo-zélandais (29 millions – moins que les DSK-Sinclair), et enfin les présidents de la Corée du Sud (19 millions) et du Monténégro (12 millions)… Avec ses 2 millions d'euros, le président de la République française figurait parmi les plus « pauvres » dirigeants de la planète. Même si son mariage avec Carla Bruni a étoffé le foyer fiscal présidentiel, le chef de l'État français se classe loin derrière ces gestionnaires avisés du monde entier. Et rien n'est plus injuste que d'associer le nom de Sarkozy au culte de l'argent ou à l'avidité financière. Récapitulons : le triptyque « Fouquet's-Ray-Banyacht de Bolloré » aura permis à la presse d'installer un décor de carton-pâte – un trompe-l'œil de théâtre de boulevard – suffisant pour alimenter tous les dîners en ville pendant cinq ans. Car, à bien y réfléchir, il n'en a pas fallu davantage pour que Sarkozy soit estampillé « m'as-tu-vu », suppôt du grand capital, ami des riches et des puissants, avide, cupide et vénal, sosie de Berlusconi, exégète zélé du bushisme, complice du complexe militaro-industriel américain, ennemi juré du peuple et étranger à ses souffrances, liquidateur des richesses nationales, sorte de version moderne de Don Salluste, le personnage incarné par Louis de Funès dans *La Folie des grandeurs* !

Si Sarkozy, fraîchement élu, avait eu la bonne idée – il en fut un moment question – de savourer sa conquête de l'Élysée dans un monastère, l'aurait-on sanctifié ? La presse en aurait-elle fait un Président thaumaturge, guérissant les écrouelles ? Peut-être l'aurait-on paré de toutes les vertus, à moins que ses détracteurs ne lui eussent trouvé quelque défaut, comme d'être un suppôt du Vatican, une taupe de Benoît XVI, un rejeton de l'Inquisition...

Pourquoi Sarkozy et pas Hollande ? Pourquoi le Fouquet's et pas la Maison de l'Amérique latine, cet établissement germanopratin qui s'enroule autour d'un petit parc dans le plus élitiste et le plus cher quartier de Paris, le boulevard Saint-Germain ? Ce mythe pour initiés, situé à deux pas de la rue de Solférino, n'est-il pas le Q.G. du parti qui comprend les Français en souffrance ? C'est bien à la Maison de l'Amérique latine que François Hollande est venu festoyer en octobre 2011, après sa victoire aux primaires socialistes. Tous ses amis étaient là. Interrogez n'importe quel grand bourgeois parisien, il conviendra que cet hôtel particulier, chéri des socialistes, est plus chic et plus sélect que le Fouquet's. Pourquoi les journalistes qui tançaient le Sarkozy du Fouquet's ne l'ont-ils pas écrit ?

Par-delà les légendes, les détracteurs du Président devraient avoir l'honnêteté de reconnaître que le Fouquet's de 2007 était loin d'être l'un des plus prestigieux établissements de la capitale : « Je me suis rendu sur les Champs-Élysées, m'expliqua Nicolas Sarkozy en juin 2011, c'était naturel. Comme l'équipe de France de football après sa victoire contre le Brésil en 1998. C'est un lieu de convergence quand on gagne. Je ne comprends pas ce procès d'intention : je suis allé au Fouquet's, sur les Champs. Je ne suis pas allé me cacher dans un trois-étoiles parisien, chez Alain Passard, Alain Ducasse ou Guy Savoy. »

L'écrivain Denis Tillinac, ancien chiraquien devenu sarkophile, avait mis le Président en garde : « Je lui ai dit qu'il était allé trop loin dans la trangression. Les Français ont quinze siècles d'inconscient monarchique et lui, il monte les marches de l'Élysée en short. Il m'a répondu : "Les Français veulent un roi, mais ils veulent lui couper la tête chaque jour."[1] »

---

1. *L'Express*, n° 2033, 1er septembre 2011.

Puisqu'il est acquis, aujourd'hui, que Nicolas Sarkozy est la source de tous les maux dont souffre notre pays, je note au passage que son *mea culpa* – face à cette véritable campagne d'opinion, il a reconnu des erreurs de style – est passé inaperçu ou presque. Mes amis journalistes, ces auxiliaires de l'opposition, avaient fait ce qu'il fallait pour que cet acte de contrition n'ait pas trop d'écho.

Mais le « bling-bling » n'était qu'une première étape. Les maîtres censeurs voulaient aussi graver dans le marbre la formule « Sarkozy, Président des riches ». La légende noire avait vu le jour avec le bouclier fiscal – abrogé au mois de juin 2011 –, l'une des mesures phare du quinquennat, limitant le taux d'imposition à 50 % des revenus. Pertinent en 2007, ce bouclier fiscal devenait difficile à défendre après les déclenchements successifs des crises en 2008 et 2011. Car, durant le quinquennat sarkozyen, l'équation mondiale a changé à une vitesse déconcertante. En novembre 2011, on trouvait par exemple à l'agenda du sommet du G20 de Nice plusieurs revendications des altermondialistes radicaux des années 2000, comme la taxation sur les transactions financières ! Et le paradigme français dans tout ça ? Il n'a plus rien à voir en 2012 avec ce qu'il était en 2007 : « Sarkozy aussi a changé, observe Franck Louvrier, directeur de la communication de l'Élysée.

L'Élysée, le pouvoir, c'est un accélérateur de particules. Les cheveux blancs viennent rapidement. Il a suivi une formation accélérée. La crise l'a obligé à se repositionner. Certains ne se sont pas privés d'interpréter cela comme un rétropédalage. En fait, il adapte la France à une situation qui peut changer du tout au tout en quelques jours. C'est un territoire de complexité. Et bien sûr, il faut faire comprendre aux Français que s'adapter, ce n'est pas renoncer. »

Tepa[1] : la gauche n'avait voulu y voir qu'un impôt favorisant les plus riches des contribuables français. Raccourci spécieux. La démarche initiale était évidemment tout autre : il s'agissait d'inciter les Français aisés, créateurs de richesses, de croissance et, accessoirement, les grosses fortunes, à ne pas aller chercher à l'étranger un exil fiscal doré. Au début de la mandature de Sarkozy, plus de 500 000 Français résidaient en Grande-Bretagne, souvent pour des raisons fiscales, contre seulement 30 000 Britanniques établis en France...

Il existe un débat sur la véritable efficacité de cet impôt. Mais accuser Sarkozy d'avoir voulu favoriser ses « amis fortunés » relève du procès d'intention. Pourtant, à l'orée du scrutin de 2012, le travail

---

1. Tepa : loi en faveur du travail, de l'emploi et du pouvoir d'achat, adoptée le 21 août 2007, surnommée le « paquet fiscal ».

de fond accompli par l'opposition et la presse porte ses fruits : « Le bouclier fiscal, il se le traîne et il se le traînera partout, écrit Laureline Dupont dans *Marianne*. Dans les ateliers, dans les fermes, dans les usines... Un boulet en or massif. Dites : "Président des riches", l'écho vous renvoie "Sarkozy" ! »

Le Président des riches[1], c'est d'ailleurs le titre d'un ouvrage rédigé à quatre mains par les sociologues Michel Pinçon et Monique Pinçon-Charlot. Un livre à charge, terrible, écrit par deux scientifiques qui ne se cachent pas d'être des électeurs de l'extrême gauche... Plus de 100 000 exemplaires vendus. Une quatrième de couverture qui donne le ton : « Petits chèques entre amis, dîners mondains, Légions d'honneur et comptes en Suisse... L'affaire Bettencourt a jeté une lumière crue sur les connivences souterraines qui unissent pouvoir politique et puissances de l'argent. Dans ce livre-enquête, les sociologues Michel Pinçon et Monique Pinçon-Charlot, spécialistes de la bourgeoisie française, donnent à voir, au-delà des scandales, la logique d'un système. » Pendant la crise, le business anti-Sarko peut se révéler juteux. Les éditeurs l'ont bien compris.

---

1. Michel Pinçon, Monique Pinçon-Charlot, *Le Président des riches. Enquête sur l'oligarchie dans la France de Nicolas Sarkozy*, éd. Zones, 2010 ; rééd. La Découverte, 2001.

Le « bling-bling » et les riches

Avec l'affaire Bettencourt, ce fut le « défouraillage » général. Comme la confirmation évidente d'une vérité pressentie. Depuis toujours, le microcosme se plaisait à nous dresser le portrait trop beau, trop parfait d'un petit vaniteux cupide. Qu'une histoire d'argent émerge, qu'il manque un euro dans la caisse, et la fantasmagorie se met en branle. Dans une interview[1], la juge Isabelle Prévost-Desprez dévoile que sa greffière aurait recueilli, hors procès-verbal, le témoignage de l'infirmière de Mme Bettencourt. Cette dernière aurait expliqué dans le détail avoir vu Nicolas Sarkozy quitter la propriété des Bettencourt, des billets plein les poches. Illico, la machine à fantasmer met le Président en scène, l'année de son élection, se présentant à l'entrée de l'hôtel particulier de Liliane Bettencourt, accueilli par quelque majordome familier :

« Comment allez-vous monsieur Sarkozy ?

– Bien, et vous mon vieux ? Les enfants ?

– Ça grandit, monsieur Sarkozy. J'ai mon aîné qui passe le bac au mois de juin prochain. Vous venez récupérer votre petite enveloppe de billets ?

– Oui, elle est prête ?

– Comme chaque semaine, monsieur Sarkozy, la voici. Mmm, aujourd'hui, elle est pleine à craquer ! »

---

1. Gérard Davet et Fabrice Lhomme, *Sarko m'a tuer*, Stock, 2011.

De Jean-Luc Mélenchon à Marine Le Pen, la fièvre s'empare de tous : le Président est coupable d'espionnage téléphonique, de mensonge d'État, de fuites illégales, d'entorses au code de procédure pénale, de menaces de mort, de manipulations policières... Et j'en passe.

On l'accuse d'avoir pesé pour faire « cadeau » de 210 millions d'euros à Bernard Tapie dans le cadre du règlement de l'affaire Adidas. Le Président, en charge de l'intérêt public, aurait fait preuve d'une « solidarité de classe avec l'affairiste Tapie ». On rappelle au passage que « Tapie avait fait allégeance à Sarkozy en 2007 ». Peu avare de superlatifs, le site AgoraVox parle d'un des plus grands scandales financiers du quinquennat...

On l'accuse de cupidité lorsqu'il rachète pour la somme de 178 millions d'euros un Airbus A330-200 d'occasion à la compagnie Air Caraïbes, afin d'en faire l'avion présidentiel. Et la presse de railler ce « Air Sarko One ». L'avion précédent, un Airbus A319, n'avait qu'un rayon d'action de 6 800 kilomètres, soit à peine de quoi traverser l'océan Atlantique sans escale. Ce nouvel Airbus permet de parcourir 12 500 kilomètres d'une traite. Le renouvellement de la flotte était urgent et nécessaire...

Lu récemment sur Internet, inégalable caisse de résonance : « Entre les voyous politiques, les renégats emblématiques, les girouettes philosophiques, les acteurs de série B, les chanteurs pô-pô-pô-dit, les rockers en exil fiscal, les sportifs retraités, et ce brave Steevy en raton laveur pour compléter l'inventaire, ça fait un peu Cour des miracles, non ? On a connu des parterres plus reluisants. Dis-moi qui tu fréquentes... Pardon, j'oubliais : les grands patrons, les vieilles dames reconnaissantes de l'immobilier, les cadres sup' gavés aux stock-options, les parachutistes dorés, les retraités à chapeau, tous ces sacs d'or que vous avez eu la chance d'administrer dans votre belle commune de Neuilly-sur-Gratin, là où le HLM reste une curiosité : tous avec vous, M'sieur Sarkozy, ça aide pour financer les campagnes. Mais êtes-vous vraiment crédible, pensez-vous, quand vous allez lever le poing dans les cours d'usine ? »

Que pouvait faire Sarkozy face à cette médiatisation tronquée, orientée, organisée, aussi inepte qu'irrationnelle ? Rien. La légende de ce « Téléprésident boule à facettes » est installée. Cette bataille-là, il l'a perdue. Il est le Président des riches !

37 000 « résistants »

La scène se déroule en marge du G20, au printemps 2009. Nicolas Sarkozy échange avec quelques journalistes. C'est du « off ». Il leur fait part de son souhait de supprimer la pub après 20 heures sur les chaînes publiques. Un débat s'enclenche. Quelques journalistes du service public estiment que c'est une mauvaise idée. Mais Sarkozy, convaincu, vante l'exemple espagnol : « M. Zapatero vient de supprimer la publicité à la télévision, il n'est peut-être pas intelligent, mais il l'a fait aussi. »

Dès le lendemain, la presse titre : « Le Président Sarkozy affirme que le Premier ministre espagnol, M. José Luis Zapatero, n'est pas intelligent. » Scandale en Espagne. Bernard Kouchner, ministre des Affaires étrangères, était présent pendant la discussion. Il s'offusque de l'interprétation des journalistes : « Bien sûr, c'est une façon de dire. Il l'est [intelligent, *N.D.A.*]. Il a été élu deux fois et il vient de supprimer la publicité à la télévision ! Comment voulez-vous que le président de la République ait pu proférer autre chose, il s'entend merveilleusement avec M. Zapatero. » Trop tard, Ségolène Royal a déjà déclenché une opération de com. Son idée : présenter des excuses à l'Espagne et à José Luis Zapatero pour les « propos injurieux » du chef de l'État.

J'ai rendu ma carte de presse. Ce n'est pas que symbolique. Je ne bénéficie plus de la déduction supplémentaire d'impôts de 7 650 euros. J'ai vu trop d'ignorants, d'aveugles et de militants de gauche dans cette corporation. Qu'ils s'amusent entre eux, moi je sors du jeu. Leur rejet compulsif, systématique, de tout ce qui ne vient pas de la gauche m'a lassé. Je ne suis pas contre l'affirmation d'une opinion dans un média. Mais qu'ils jettent au moins le masque de l'objectivité et de l'éthique. Qu'ils clament : « Oui, nous sommes antisarkozystes, nous n'avons jamais cessé de l'être depuis mai 2007 ! » Laisser croire que Sarkozy tient les médias est sans doute la plus grosse arnaque intellectuelle du quinquennat. Tout ce qu'il a entrepris a été pilonné. Avec une méthode et une ferveur militantes qui n'ont pas pu échapper aux Français les plus lucides. « Certains grands paranoïaques martèlent que Sarkozy contrôle les journalistes, notait le philosophe Luc Ferry dans un débat télévisé. C'est faux bien sûr. Vu ce qu'il prend dans la musette chaque matin, il ne serait pas très habile ! Aucun président de la République n'a été aussi maltraité par la presse. À croire que les journalistes ont un contentieux personnel avec Sarkozy. La preuve, c'est que François Fillon, qui fait la même politique que Nicolas Sarkozy depuis cinq ans, a une cote de popularité bien supérieure à celle du Président[1]. »

Alors, j'ai eu envie de défendre la victime de leurs traits, celui dont le bilan a été travesti, tronqué, caricaturé. J'ai eu envie de dire aux Français qui pouvaient m'entendre ou me lire : « Attendez, c'est plus compliqué que cela. Ne croyez pas ces prétendus journalistes. Leur décryptage de l'actualité n'est pas honnête. Derrière leur ton apparemment neutre, ils camouflent un parti pris idéologique. Soyez vigilants, apprenez à lire entre les lignes. Construisez vous-même votre opinion. Ne prenez pas leurs commentaires pour argent comptant ! »

Bien sûr, cette corporation compte quelques individus hors du commun. Comme le monde des cordonniers ou celui des consultants en ressources humaines. Mais combien d'ahuris suivistes pour une conscience éclairée ? Désormais, lorsque je ferraille sur RMC, BFM TV ou ailleurs, je refuse qu'on me présente comme journaliste. Polémiste, ça ira. Pardon pour cette coquetterie.

---

1. Journal de Ruth Elkrief, BFM TV, 21 octobre 2011.

Depuis des années, je ne cesse d'observer le fonctionnement des journalistes. Tous, ou presque, partagent les mêmes indignations, s'autorisent les mêmes offuscations. D'une culture générale souvent navrante, ils sont moutonniers, dociles, poltrons, sans imagination. Ils ne connaissent ni leur histoire, ni leur géographie... ni leur conjugaison ! Au fond, rien qui les distingue vraiment du reste des mortels. À l'exception, peut-être, d'un gène récessif, d'une caractéristique bien de chez nous : le syndrome *No pasarán !* Comme les héros magnifiques de la guerre d'Espagne, les journalistes français veulent empêcher le fascisme de passer ! L'intention est louable, mais les franquistes ayant disparu du paysage, et les Chemises brunes étant assez rares désormais, les journalistes du troisième millénaire s'inventent de nouvelles pestes brunes : Nicolas le Nabot et ses rêves de débat sur l'identité nationale, Claude Guéant, l'homme qui pourchasse les Roms, Brice Hortefeux, l'exécuteur des basses œuvres de la sarkozie, le système bancaire... et surtout, le libéralisme : l'idéologie malfaisante par laquelle le mal est arrivé ! Vous avez sans doute remarqué que, dans l'imaginaire de quelque 37 000 pisseurs de copie professionnels, l'économie de marché s'est substituée au national-socialisme comme valeur repoussoir. Les journalistes se voient en combattants de la liberté, imprimant des samizdats dans la clandestinité, écoutant Radio Londres dans l'obscurité d'une cave ou d'une soupente. Ils s'idéalisent en Jean Moulin de la plume, luttant contre l'oppresseur fasciste, le patron du complot anti-France : Nicolas Sarkozy.

L'avantage n'est pas mince pour ces fanfarons : la lutte contre le tyran Sarkozy se révèle moins risquée que le combat de nos aînés, qui imprimaient, dans la clandestinité d'une France sous la botte des titres comme *Combat*, *Défense de la France* ou *Franc-Tireur*. Depuis l'élection de Nicolas Sarkozy, peu de mes confrères ont été fusillés par un peloton d'exécution sur ordre de François Fillon ou jetés, sur injonction de Claude Guéant, sur la paille humide d'un cachot. L'autre avantage de cette lutte sans merci contre « le chef de la République des pourris » est qu'elle permet de prendre des postures de héros sans risquer de perdre son sang sur le champ de bataille, sans entrer dans la clandestinité, sans quitter femme et enfants, ni abandonner ses prérogatives sociales. Sur le plan pratique, cette « Résistance attitude » n'interdit pas de se rendre, chaque matin, vers 10 h 30, au bureau, ni de bénéficier des acquis sociaux qu'offrent la société française et le salariat. On rejoint les FTP dans le maquis, tout en restant à la maison. Le journaliste n'est pas homme à bouder ces petits avantages...

Cela fait des décennies que je les scrute ! J'aurais pu créer un observatoire du journalisme français (OJF). Ma conclusion, c'est qu'un obscur baveux, c'est comme un flic de quartier, ça ne fonctionne pas au fric, mais au sentiment. C'est un idéaliste. Ça veut être reconnu. Ça veut tutoyer la gloire. Hélas, la vie de journaliste a beaucoup perdu depuis Émile de Girardin et Albert Londres. Les journaux, radios et télés ont rarement les moyens de financer des investigations et des enquêtes. Dans leurs open spaces paysagés, les résistants ripolinés consacrent l'essentiel de leurs 35 heures hebdomadaires (29 à *Télérama*) à recopier des dossiers de presse ou des dépêches d'agence. Heureusement, grâce à ce salutaire esprit de résistance, les nouveaux maquisards, syndiqués comme un seul homme sous les bannières SNJ, SNJ-CGT, USJ-CFDT, FO ou CFTC, et payés sur treize ou quatorze mois, ont retrouvé un peu de leur superbe. L'antisarkozysme a balayé ces petites humiliations et, toute honte bue, du fond de leurs rédactions grises et sans avenir, ils pratiquent désormais... la Résistance !

Résister, c'est briller vis-à-vis de son entourage, ses amis, sa famille, la communauté journalistique. Pour un couple qui se désunit après un trop long mariage, entrer en Résistance, c'est une activité revigorante, comme l'échangisme ou le cyclotourisme. Quand on résiste, on intrigue, on complote, on s'invente des clandestinités, des interdits, des transgressions ! On prend des postures à la Zapata, à la Régis Debray, on se rêve clone de Woodward et Bernstein, les chantres du *Washington Post* qui firent tomber Nixon, en 1974, à la suite de l'affaire du Watergate. Mais résister à qui ? À quoi ?

« Ben, à l'État sarkozyste, bien sûr !

– Mais la France est une démocratie ! Une des plus enviées au monde.

– Tu rigoles ! Avant, oui. Mais aujourd'hui, c'est un ersatz d'État totalitaire !

– Enfin, il ne faut pas exagérer, vous ne parviendrez jamais à faire passer Sarkozy pour Hitler ou Laval...

– Ah, mais t'as quoi dans les yeux ? Tu lis quoi le soir ? *Le Figaro Magazine* ou quoi ? T'as pas remarqué que ce désir de surpuissance qui étreint la plupart des hommes de petite taille a complètement gangrené la psychologie de ton Sarko ? T'as pas remarqué des ressemblances avec Napoléon Ier et Hitler ? T'en as connu, toi, des dictateurs de plus de 1 mètre 60 ? Non, évidemment. Sarko est obsédé par la tentation du pouvoir absolu. Il a placé ses hommes partout ! Nous, journalistes, on doit dénoncer ça, sinon on est des collabos.

– Mais arrête de te prendre pour un fanal éclairant le monde des ténèbres ! C'est toi qui exagères et qui manques de lucidité !

– Je manque de lucidité ? Mais Sarko a mis la France à sa botte. Notre dignité, c'est de raconter l'État corrupteur, menteur, tricheur, voleur, fliqué. C'est à nous de dire tout ça aux Français. C'est notre devoir !

– ... »

Un dialogue imaginaire ? Allons donc, je l'ai déjà eu avec une bonne centaine de journalistes, œuvrant dans les titres les plus sérieux de notre pays, parlant devant les micros les plus écoutés, présentant les journaux télévisés les plus regardés. Ils sont sûrs d'eux, à la limite de l'arrogance, persuadés de leur mission salvatrice face au despote. Des cohortes de valeureux baveux menant la guérilla des mots. Eux ils savent, pas vous ! Ils savent que Sarko connaît le secret de l'attentat de Karachi, puisqu'il était dans la *war room* de Balladur en 1995 ; ils l'ont sûrement vu transporter les mallettes remplies de biffetons entre Genève et Paris ; ils savent que Frédéric Péchenard, directeur général de la Police nationale, a demandé à la Direction centrale du renseignement intérieur (DCRI) de localiser une fuite dans l'affaire Bettencourt sur instruction de Sarkozy ; ils savent que, comme ses glorieux prédécesseurs, il finance ses campagnes électorales grâce aux subsides des restes évanescents de la Françafrique, puisqu'il a décoré Robert Bourgi de la Légion d'honneur ! Et puisqu'on en est aux décorations, ils savent que

Sarkozy est complice du scandale du Mediator, étant donné qu'il a lui-même remis à Jacques Servier la grand-croix de la Légion d'honneur, le 31 décembre 2008... Au fond, les journalistes résistants sont assez prévisibles. Dans le « Karachigate », dans les affaires des mallettes, des fadettes, Bettencourt, Woerth ou Tapie-Lagarde, ils ne voient qu'un coupable. Un seul et même homme : le chef de l'État !

La juxtaposition de ces gros titres et surtout le martèlement quotidien de slogans antisarkozystes ne font pas que conforter les électeurs de gauche dans leur rejet du Président, ils ébranlent aussi ceux qui ont voté à droite en 2007 : « Arrêtons de croire que le dégoût devant cette chienlit ne saisit que l'opposition, commente Philippe Bilger, le célèbre magistrat qui a soutenu Nicolas Sarkozy en 2007. Je ne supporte pas cet étalage, cette ingénuité perverse, ces transgressions obscènes[1]. »

Dans ce qu'ils estiment être une dictature qui tait son nom et cache sa vraie nature derrière les derniers feux d'une démocratie chancelante, les journalistes français – FFI de pacotille – se rêvent en ultimes remparts contre la vulgarité sarkozyenne. Eux ne collaboreront jamais. Quand ils croisent un confrère chez Monoprix, vers 17 heures, en rentrant à la maison, ils s'enorgueillissent d'être des journa-

---

1. *Marianne*, 1er octobre 2011.

listes debout ! Et ils parlent fort devant les linéaires de jambon sous vide :

« Tu sais, à la rédac', le chef du service politique m'a raconté qu'au printemps 2010, Carla Bruni a eu une liaison avec Benjamin Biolay ! Il paraît que Sarko était fou de rage. Juste avant l'été, elle est même partie quelques jours en vacances en Thaïlande avec son amant, soi-disant pour préparer son futur album... Sarko a été obligé d'envoyer un avion de la République là-bas pour la récupérer. Ça m'écœure. La France, c'est la Star Ac', la risée du monde ! »

« Il y a eu un vrai scandale sur le tournage de *Midnight in Paris*, le film de Woody Allen où Carla Bruni était figurante. Sarko a fait une crise de jalousie. Et il est venu chercher sa femme en plein tournage. Il paraît qu'elle chauffait tout le monde... C'est pas un premier prix de vertu, la Carla ! »

Et ils rient à longueur de rayons, et dénoncent les outrages que l'« Ogre » fait subir à la France qui souffre !

« Remarque, pendant ce temps-là, il était avec Chantal Jouanno. Avec sa championne de karaté, ça y va. Enfin moi, ça, je m'en tape ! Il peut baiser qui il veut, le Nain. Ce qui me gêne le plus, c'est les soldats français qui se font descendre en Afghanistan... »

On doit au colonel Eugène Stoffel, brillant archéologue et officier apprécié de Napoléon III, un tableau assez abrupt de la psychologie française. Le manque de discernement de certains journalistes me pousse à le porter à votre connaissance : « Quoi qu'il en coûte à mon amour pour la France : nous sommes, avec tout notre esprit, le plus sottement vaniteux, le plus badaud et le plus niais de tous les peuples. Il n'y a pas un pays en Europe où il se débite plus de sottises, plus d'idées fausses et plus de niaiseries[1]. »

Comment leur expliquer, à ces « révoltocrates » de machine à café, dépositaires de l'honneur du journalisme français, que précisément, dans une France où la planète pensante est un territoire occupé par la gauche depuis 1968, la Résistance est ailleurs ? Comment leur expliquer que les convenus, les attendus, les idiots, les vulgaires, ce sont eux ? Comment leur faire comprendre que la véritable indignation n'est pas celle de leur gourou Stéphane Hessel, dont la pensée révoltée contenue dans 32 pages pitoyables est à peine du niveau d'une classe de CE1 ? Comment expliquer à la « média-cratie » – qui a tant réclamé le désengagement français en Afghanistan – que le courage, la grandeur et la dignité, c'était d'envoyer l'armée française dans ce berceau du terrorisme international, où talibans

1. Cité par Pierre Servent dans *Le Complexe de l'autruche*, Perrin, 2011.

et desperados entraînés par Al-Qaïda rêvent de génocider la moitié du monde libre ? Oui, la France a perdu près de 80 soldats dans cette mission pour la paix, mais rarement une intervention sur un théâtre d'opération étranger aura eu un sens aussi noble. Quelle que soit son issue. De même, n'était-il pas de notre devoir de mobiliser les instances internationales pour empêcher le massacre de populations civiles en Libye par l'armée de Kadhafi ?

Comment, en septembre 2011, ne pas goûter ce savoureux contraste ? Le président de la République française accueilli en héros libérateur à Benghazi d'où est partie la révolution libyenne, acclamé par un peuple qui sait, lui, ce que dictature, tyrannie et oppression veulent dire. Le poids des mots à l'aune de l'expérience... Souvenez-vous : les enfants criaient le nom de Sarkozy, les combattants en guenilles donnaient le nom du Président français à la route qui relie Benghazi à la capitale et des pères de famille en larmes juraient d'appeler leur prochain enfant « Sarkozy ». C'était la Libye. C'était la première guerre de libération nationale à laquelle prenait part l'armée française depuis La Fayette en Amérique au XVIIIᵉ siècle !

« Ah, Kadhafi, parlons-en ! C'est peut-être un Mirage 2000 français, sous commandement de l'Otan, qui l'a intercepté dans la région de Syrte, le 20 octobre 2011. Mais n'oublions pas que Sarkozy le recevait en grande pompe quatre ans plus tôt à Paris ! »

C'est vrai : après de longues années de mise en quarantaine pour cause de terrorisme international, le leader libyen Mouammar Kadhafi était réintégré dans le concert des nations civilisées par Nicolas Sarkozy. De Kadhafi, les journalistes n'ont retenu que cela : sa visite de cinq jours à Paris, en décembre 2007. Et sa pittoresque villégiature : une tente bédouine, installée dans le parc de l'hôtel de Marigny. Juger l'invitation de Sarkozy, quatre ans plus tard : l'exercice est facile. Certes, je le concède, à la lumière des événements de 2011, ce traitement de faveur peut sembler décalé et inapproprié. Pourtant, bien avant son invitation en décembre 2007, le dictateur libyen avait, à de nombreuses reprises, envoyé des signes favorables à la communauté internationale : acceptant même la libération de cinq infirmières bulgares et d'un médecin anesthésiste que la Libye détenait depuis huit années ! « Le Guide de la révolution » avait signifié plusieurs fois son souhait de quitter sa situation ostracisée, donnant des preuves tangibles de bonne volonté. De nombreux observateurs n'avaient-ils pas jugé, à l'époque, qu'il était temps de faire un pas vers le maître de Tripoli ? Et ces mêmes personnes n'avaient-elles pas salué le président Sarkozy pour son initiative diplomatique courageuse et iconoclaste ?

Pourquoi Sarko va gagner

Pour pondérer les ardeurs de ceux qui décrivent l'accueil français comme indécent et trop déférent, rappelons que le dirigeant libyen n'avait pas eu droit, lors de son séjour parisien, au protocole et au décorum républicains traditionnellement réservés aux chefs d'État. David Martinon, le porte-parole de la présidence, ne parlait que « d'une étape significative dans le retour progressif de la Libye au sein de la communauté internationale, qui a été rendu possible par un certain nombre de gestes politiques très importants ». Il est stupide de continuer à présenter cette invitation comme une folie diplomatique uniquement motivée par la perspective de nouveaux contrats commerciaux bilatéraux.

On n'a jamais meilleur avocat que soi-même. Le 24 août 2011, le Président prend la parole à l'issue du conseil des ministres alors que l'affaire élyséenne n'est pas encore soldée : « Je crois qu'il faut tirer de cette affaire libyenne les leçons qui s'imposent. Première leçon : notre stratégie vis-à-vis de l'Afrique et du monde arabe est refondée par notre action en Libye et en Côte d'Ivoire. Les deux événements nous obligent. Notre ligne doit être claire : le soutien aux peuples contre les dictateurs, quelles qu'en puissent être les conséquences. Deuxième leçon : nous pouvons aussi mesurer à travers cela l'évolution de l'Otan. On nous a dit, lorsque nous sommes rentrés dans l'organisation militaire, que nous nous soumettions à l'Amérique. L'opération en Libye a été lancée et conduite par les puissances européennes, au premier rang desquelles la France. Le retour dans l'Otan nous a donc permis d'accroître notre influence et de jeter avec le Royaume-Uni les bases d'une défense européenne. Troisième leçon : on nous avait prédit l'enlisement. Or cette opération est en train de s'achever, contrairement aux augures pessimistes[1]. »

Selon Arno Klarsfeld, président de l'Office français de l'immigration et de l'intégration : « On a critiqué Sarkozy pour le retour de la France dans l'Otan, au motif qu'il allait diluer l'action diplomatique française. En fait, c'est tout le contraire qui se produit : c'est la France qui a insufflé ce mouvement international, c'est elle qui a mobilisé l'Otan, et qui en a pris symboliquement la tête. Les défauts de Sarkozy sont aussi ses qualités. Il a reçu Kadhafi, lui a laissé planter sa tente à Marigny et, quelques mois plus tard, en gros, il l'a tué. Ça prouve des capacités d'adaptation considérables. J'en suis persuadé, jamais Hollande, jamais Bayrou, jamais d'autres à droite n'auraient fait la guerre à la Libye et fait tomber Kadhafi[2]. »

Mais Klarsfeld prêche dans le désert. N'essayez pas d'expliquer à un journaliste qu'il s'est trompé.

---

1. *L'Express*, n° 2033, 1er septembre 2011.
2. *Salut les Terriens*, Canal+, 22 octobre 2011.

Trop compliqué. Trop abstrait. Avec la presse, il faut faire binaire : Sarkozy, c'est le tyran, le Caudillo puissance dix, le Moloch du troisième millénaire. Et les journalistes, eux, sont les Brigades internationales, les combattants de la liberté. Ça oui, ils comprennent.

« Les Français sont des veaux ! » se serait un jour exclamé le général de Gaulle. Les journalistes aussi ! Mais comment faire comprendre à ces révolutionnaires de cour de récré qu'ils sont l'incarnation moderne et satisfaite des quadrupèdes dont parlait l'homme du 18 Juin ?

Un Président vulgaire

Mai 2010. Le député socialiste de l'Eure, François Loncle, ancien secrétaire d'État à la Ville de François Mitterrand, interpelle Luc Chatel, ministre de l'Éducation nationale : « J'en ai eu assez des fautes de français de Nicolas Sarkozy ! De vocabulaire, de syntaxe... Son incapacité à faire les bons accords et son habitude à parler (*sic*) de manière vulgaire[1] », vitupère le parlementaire dans une question écrite. C'est sérieux. Les ministres sont obligés de répondre dans les deux mois aux députés qui utilisent cette procédure. Et la réponse doit être publiée au *Journal officiel*. En attendant, la question posée par le député socialiste traduit un vrai désir d'humiliation : « M. François Loncle indique à M. le ministre de l'Éducation nationale que l'actuel président de la République française semble éprouver maintes difficultés à pratiquer la langue française. Il multiplie les

1. François Loncle, *Le Post*, le 4 janvier 2011.

fautes de langage, ignorant trop souvent la grammaire, malmenant le vocabulaire et la syntaxe, omettant les accords. Lorsqu'il s'exprime en public, le président de la République croit judicieux de maltraiter, volontairement ou involontairement, la langue française et il s'aventure parfois à employer des termes et formulations vulgaires. Afin de remédier sans délai à ces atteintes à la culture de notre pays et à sa réputation dans le monde, il lui demande de bien vouloir prendre toutes les dispositions nécessaires pour permettre au président de la République de s'exprimer au niveau de dignité et de correction qu'exige sa fonction. »

Loncle se tape sur le ventre. Ce camouflet adressé à Sarkozy le place sous le feu des médias. Un brin perfide, il commente même son intervention dans l'Hémicycle : « En gros, à la fin, j'ai demandé à Chatel de donner des cours du soir à Sarkozy. » Éclat de rire général... Attirés par ce débat commode, qui ne requiert aucune connaissance particulière, aucune enquête, aucune recherche, les journalistes se mettent en ordre de marche derrière le député PS. Face à l'énormité de ce qu'ils jugent être un scoop, les valeureux enquêteurs de Mediapart révèlent l'échange de courriers entre François Loncle et Luc Chatel, comme s'il s'agissait d'une exclusivité journalistique, alors que les documents sont publics. Et la presse d'évoquer « les difficultés que semble éprouver l'actuel président de la République à pratiquer la langue française ». Loncle exulte. Il est de toutes les émissions. Ce retour sur le devant de la scène est une aubaine pour lui. Les plateaux bruissent de l'affront infligé au monarque. Les animateurs se trémoussent de plaisir, se délectent de la bonne nouvelle qui ne va pas manquer de booster saint Audimat. Bref, tout le monde en parle. Pourtant, aucun linguiste éminent ne vient expliquer dans les studios des radios, ni sur les plateaux de télévision, que le langage a évolué depuis l'élection présidentielle de 1965. Que le général de Gaulle ne saurait demeurer le mètre étalon de la « présidentielle attitude ». Au contraire, grammairiens, académiciens débarquent en moto taxi sur les plateaux TV, histoire de se poiler un peu... Les *opinion makers* sont unanimes : « Le bien commun et collectif se dissout dans un individualisme démonstratif et conquérant [...], un narcissisme de mort qui tend à notre propre anéantissement[1]. » La prose jargonneuse est celle des discours partisans des chercheurs du CNRS, qui mettent leurs grilles de lecture au service de l'antisarkozysme. *As usual.*

Personne, donc, ne pondère la rodomontade de M. Loncle. Pourtant il aurait suffi d'expliquer que Nicolas Sarkozy parle comme les Français lorsqu'il

---

1. Serge Hefez, *Libération*, le 24 janvier 2008.

se trouve plongé dans une situation ne nécessitant pas la mise en place du décorum républicain, ni la solennité nationale, mais qu'il demeure, en revanche, très attaché au rituel républicain dans ses interventions majeures. Là se trouve la vraie singularité de l'homme de la rupture : il ne s'adresse pas aux Français comme l'ont fait avant lui Pompidou, Giscard, Mitterrand, Chirac... Dès 2007, le normalien Bruno Le Maire, alors directeur de cabinet de Dominique de Villepin, observait : « Sarkozy a sur ses opposants plusieurs longueurs d'avance : sa langue brève et souvent crue n'a jamais été entendue avant et n'appartient qu'à lui. Il dit un monde nouveau quand d'autres balbutient dans le précédent[1]. »

Qu'importe, les forces de progrès ont mobilisé les copains de la cinquième colonne. Pour la presse, c'est du tout cuit doré sur tranche : Sarko est vulgaire, il parle mal, il déshonore la France, il n'a pas pris la mesure de sa fonction. L'opération communication des socialistes est un tel succès que les Français s'amusent à traquer le faux pas, comme d'autres chassent les mouches à coups de tapette. On rit. On se moque. On rabaisse. Entre les lignes, les Français ne comprennent qu'une chose : « La gauche, elle, ne maltraite pas notre langue, elle est tellement plus intelligente, cultivée et respectueuse de l'éternité

---

1. Bruno Le Maire, *Des hommes d'État*, Grasset, 2008.

française. » Et les internautes de jubiler devant les énormités grammaticales, les erreurs syntaxiques, les accords bafoués : « Je remercie à chacun » ; « Le Premier ministre, il l'a dit... » On envoie des liens sur les boîtes mail des collègues et on s'esclaffe. Comme à la parade, le député Loncle multiplie les estocades. Sarko ne bronche pas, il est à terre, surtout, ne pas lui laisser le temps de se relever. François Loncle décline, poétise, feuilletonne. Le « Casse-toi, pauv' con ! », murmuré au Salon de l'agriculture dans un instant de colère, et saisi par des micros ultrasensibles semble lui donner raison. Il s'agissait pourtant d'un propos volé qui n'avait pas vocation à être public. La presse feint de l'ignorer. On fait comme si le « Casse-toi, pauv' con ! » avait été prononcé au milieu d'un discours officiel. Absurde. La phrase de Chirac sur les odeurs avait été prononcée dans un cadre public. À ce titre, elle pouvait faire l'objet de commentaires désapprobateurs. Mais avoir fait du « Casse-toi, pauv' con ! » une des pierres angulaires de l'antisarkozysme procède de l'amalgame spécieux.

Il faut dire que Nicolas Sarkozy traîne un « boulet » dont ses prédécesseurs ignoraient tout : les smartphones ! En peu de temps, la révolution technologique opérée au tournant du millénaire a aboli les frontières traditionnelles de la communication. Une arme redoutable est née, capable de terrasser les plus puissants : le téléphone portable enregistre, filme, photographie, transmet à la vitesse de la lumière, et cela dans la plus absolue discrétion. Il capte, entend, voit. Pire, il est doté d'une mémoire phénoménale et se souvient de chaque détail. Qu'aurait-il vu ou entendu s'il avait existé du temps de Clemenceau, Deschanel, Blum, Pétain, de Gaulle, Pompidou ou Mitterrand ? Ces hommes-là nous seraient apparus à coup sûr différents. Car c'est bien cela que dévoile aujourd'hui la modernité technologique : une autre réalité !

Une réalité non programmée au Salon de l'agriculture pour le « Casse-toi, pauv' con ! », mais une réalité choisie à La Courneuve en Seine-Saint-Denis, le dimanche 19 juin 2005. Suite au décès de Sidi Ahmed, un enfant de 11 ans, victime de deux balles perdues à la Cité des 4 000, Nicolas Sarkozy décide de poser les bases d'une nouvelle politique de sécurité. Il veut marquer les esprits. Celui qui n'est encore que ministre de l'Intérieur parle de la nécessité de « nettoyer les cités au Kärcher ». Les mots, soigneusement choisis, font scandale. Les responsables de gauche, le monde associatif, les défenseurs des droits de l'homme l'accusent de stigmatiser les habitants de La Courneuve et d'utiliser une rhétorique qui frôle celle de l'extrême droite. Pour la gauche, les formules de Sarkozy déshonorent la

République française. Elles foulent au pied la grandeur républicaine. L'homme désacralise la fonction.

Au bout de longs mois, Chatel répond enfin à Loncle. Le ministre appelle la gauche à « reconnaître qu'en de nombreuses circonstances, le président de la République montre de grandes qualités rhétoriques telles que la force expressive, la conviction, l'à-propos, la repartie ou la puissance d'évocation [...]. En ces temps de complexité et de difficulté, [il] parle clair et vrai, refusant un style amphigourique et les circonvolutions syntaxiques qui perdent l'auditeur et le citoyen. » Et Chatel de conclure : « Lui qui incarne la parole de la Nation et l'a fait en de nombreuses circonstances de la manière la plus digne qui soit [...] se fait comprendre de tous les Français : sur ce sujet et dans une démocratie, c'est, me semble-t-il, l'essentiel. » Mais Chatel a mis trop de temps à pondre sa réponse. L'affaire était déjà loin. Le mal était fait. Les journalistes passés à autre chose. Le sociologue Michel Maffesoli refuse de voir dans la rhétorique présidentielle une ligne de clivage avec les Français : « Là est le secret de son magnétisme. Il suffit qu'il se déplace en province, qu'il visite une usine, fasse semblant de s'intéresser aux paysans ou parcoure au pas de course les couloirs d'un hôpital pour que son charisme fonctionne. Sa présence, malgré ou grâce aux défauts et imperfections qui sont les siens, suscite une sorte de "participation magique"[1]. »

Il est d'ailleurs paradoxal de voir une gauche, habituellement encline à cultiver les valeurs de la modernité et du progrès, s'arc-bouter sur le maintien d'un académisme présidentiel. Un combat de circonstance ? Car, au fond, sur le papier, le style de Nicolas Sarkozy devrait être celui d'un Président de gauche. N'a-t-il pas ruiné un certain conservatisme en mettant un terme à des décennies de raideur « Vᵉ République » ? N'a-t-il pas réajusté le ton présidentiel à notre époque ? Une prose courte, rythmée, lisible. Sarkozy sait dire en dix-quinze secondes ce que d'autres, par pédanterie, formulent en un quart d'heure. Il sait faire passer les idées grâce à des propos impactants et populaires : le Kärcher, mais aussi « travailler plus pour gagner plus », aller chercher la croissance « avec les dents ». Sarkozy récuse la solennité ampoulée quand elle est superflue. Il est le Président proche des citoyens, qui ne rechigne pas à mettre les mains dans le cambouis, et ne délègue pas à d'autres le travail quotidien.

Cette rénovation du parler politique, de la posture publique, entreprise par Nicolas Sarkozy au milieu des années 2000 a souvent été mal vécue à

---

1. Michel Maffesoli, *Sarkologies. Pourquoi tant de haine(s)* ?, Albin Michel, 2011.

droite. L'ancien patron du Sénat, l'UMP Gérard Larcher, expliquera même après sa défaite à la réélection à la présidence de la Haute Assemblée : «J'ai été plombé [...] par la vulgarité élyséenne[1]. » Même lui... Dans l'Histoire, on observe que ce sont plutôt des personnalités de gauche qui se sont attachées à ce type de chantier : Lénine, qui adopte la vareuse prolétaire, marquant ainsi la fin de l'époque tsariste ; Jack Lang, qui débarque à l'Assemblée nationale en col Mao, signifiant la fin de l'ordre bourgeois ; Hugo Chávez, parlant à son peuple comme à des camarades ouvriers ; Kennedy, faisant venir des journalistes dans le Bureau ovale afin qu'ils immortalisent John John jouant sous sa table de travail, ou François Mitterrand, expliquant au journaliste Yves Mourousi, au journal télévisé, qu'on ne dit plus « branché » ou « chébran » mais « câblé ». Oui, la gauche, c'est cool ! Tellement cool. Alors, pourquoi ne pas applaudir quand Nicolas Sarkozy s'emploie à briser toute la sémiologie chiraquienne... Après tout, c'est la droite conservatrice qui aurait dû s'en émouvoir. Pas les forces de progrès !

En s'adressant aux Français sans intermédiaire, en renouvelant le genre, Sarkozy a empiété sur le territoire de la gauche. En langage commun, il lui

---

1. *Marianne*, 1er octobre 2011.

a coupé l'herbe sous le pied. Et ce faisant, il a suscité des jalousies. Alors, la gauche française serait-elle la plus formaliste du monde ? Oui, répond l'avocat Arno Klarsfeld : « En 1998, lorsque je me suis rendu au palais de justice de Bordeaux pour le procès Papon, où je représentais l'Association des fils et filles de déportés juifs de France, les journaux de gauche m'ont reproché d'avoir parcouru le chemin entre mon hôtel et le petit café en face du palais en rollers ! Alain Finkielkraut a même écrit : "Klarsfeld en rollers, ça va faire monter l'antisémitisme !" En revanche, ils n'ont rien trouvé à redire sur l'arrivée de Maurice Papon en limousine avec chauffeur. La France n'a pas tellement changé depuis Balzac : il faut mettre les formes. Car finalement, le roller et le vélo sont des moyens de transport écologiques[1]. »

Cependant, Sarkozy a fait école : en septembre 2011, le PS a créé une « cellule FN » qui fournit aux éléphants du parti des « éléments de langage » pour sensibiliser l'électorat ouvrier du Front national au programme du Parti socialiste. Depuis – est-ce le résultat du travail de ce groupe ? –, Martine Aubry multiplie les apostrophes populacières, et les caciques « parlent peuple ». François Hollande fustige les « bourgeois de Passy », promet aux riches d'obscurs lendemains : « On arrive, on va s'occuper

---

1. *Salut les Terriens*, Canal+, 22 octobre 2011.

d'eux !» Le phrasé se simplifie, les arguments se font plus percutants. En pleine campagne pour les primaires socialistes, le 29 août 2011, Martine Aubry se rend à Marseille pour faire connaître ses intentions dans le domaine de la sécurité. Elle veut provoquer le ministre de l'Intérieur, Claude Guéant, venu installer un nouveau préfet dans les Bouches-du-Rhône. François Hollande, un tantinet agacé par l'initiative ultra-médiatisée de sa rivale, jette aux caméras, goguenard : « Si elle l'a fait, j'ai pu à l'faire »…

C'est nouveau, le PS parle le sarko. Mais pourquoi François Loncle ne s'en est-il pas ému ? Le sentencieux député aurait pu demander à Luc Chatel de se rendre rue de Solférino pour donner quelques cours du soir aux édiles du PS.

Haro sur Sarko

« Crétin le Bref », « Supermenteur », « le Gnome à talonnettes », « le Président Star Ac' », « Nicolas le Petit », « Nicolas Ier », « le Napoléon de Neuilly », « le Tout à l'Ego », « Carlito », « le Gigotant Monarque[1] »... Pendant cinq ans, les journalistes se sont régalés. Aucune trêve, aucun état de grâce. Juste cinq années de détestation savamment entretenue. Au lendemain de la naissance de la fille du couple présidentiel, Giulia, le 19 octobre 2011, la presse aurait pu desserrer l'étau, ne serait-ce que deux ou trois jours. Il n'en sera rien. Perfide, elle fait même fuiter quelques bobards :

« Ils ont programmé la grossesse pour que le bébé naisse au début de la campagne électorale. »

« Si Sarkozy est parti en Allemagne rencontrer Angela Merkel juste avant la naissance de sa fille, c'était pour nous faire le coup du "je travaille telle-

---

1. Le surnom préféré de l'écrivain Patrick Rambaud.

ment pour la France que je n'ai pas pu être aux côtés de ma femme pour la naissance de notre bébé". »

« Un congé paternel ? Pourquoi pas : pendant cinq ans, à partir de 2012 », s'est même esclaffée une Ségolène Royal, généreusement reprise par tous les médias.

Lorsqu'il devint clair que le Président et son épouse avaient décidé de ne pas communiquer autour de la naissance de leur fille, ces mêmes journalistes, à court de billes, mirent en avant la « diabolique communication *en creux* de Sarkozy ».

Le sociologue Michel Maffesoli a été l'un des premiers intellectuels à se pencher sur ce phénomène, d'une ampleur inhabituelle dans l'histoire de la Ve République : « Il est frappant d'observer que l'essentiel des commentateurs attitrés jouent les imprécateurs et apparaissent, stricto sensu, obsédés par l'objet de leur désir. Leur désir ? Créer un repoussoir, une créature maudite. Le "Voyou de la République" selon le titre paru en août 2010 de l'hebdomadaire *Marianne*. Dès lors, on ne peut plus appeler "analyse" ce qui n'est qu'une répétition mécanique de formules stéréotypées : "agité", "épileptique de l'Élysée" et autres perles de la même eau[1]. » Une « répétition mécanique », n'est-ce pas le

---

1. Michel Maffesoli, *Sarkologies. Pourquoi tant de haine(s) ?*, *op. cit.*

signe qu'« ils » se sont donné le mot, moutons obéissants, singeant les consignes d'un obscur donneur d'ordres ? Car les faits sont là : éditeurs, écrivains, intellectuels, historiens, politologues, artistes en tous genres, chercheurs, syndicalistes, représentants associatifs, enseignants, fonctionnaires, mères de famille, victimes outragées, magistrats en colère, infirmières, banquiers repentis, chefs d'entreprise nourrissent chaque jour de leurs commentaires un long et laborieux processus de détestation, scénographié par Internet, la presse, la radio et la télévision. Et les journalistes, rédacteurs, éditorialistes, échotiers, billettistes, polémistes, blogueurs, enquêteurs, investigateurs, commentateurs, présentateurs, animateurs ne sont pas en reste.

Ainsi Edwy Plenel, patron de Mediapart, vindicatif atrabilaire, ex-trotskiste de la LCR et journaliste de *Rouge* – donc à ce titre tout à fait qualifié pour jouer les garde-fous de la démocratie –, qualifiant le Président de « délinquant constitutionnel ».

Ainsi, nous l'avons vu, Gérard Davet et Fabrice Lhomme, journalistes au *Monde* qui publient, quelques mois avant l'élection présidentielle de 2012, les révélations fracassantes de la juge Isabelle Prévost-Desprez. Dans leur livre coup-de-poing, la magistrate se confie : elle a eu connaissance de l'existence de deux personnes qui auraient vu Nicolas

Sarkozy percevoir de l'argent liquide au domicile des Bettencourt. Détail éloquent : ces témoins n'ont jamais voulu s'exprimer dans le procès-verbal de la procédure. L'un d'eux, une ancienne infirmière de Liliane Bettencourt, aurait tout avoué à une greffière de la juge Prévost-Desprez : Sarkozy venant chez Liliane Bettencourt récupérer ses enveloppes pour financer la campagne électorale de 2007. Le livre[1] retient l'attention de toute la presse résistante. Les deux journalistes du *Monde* multiplient les apparitions sur les plateaux de télévision. Quelques jours après la parution de l'ouvrage, les deux témoins clés démentiront pourtant avec vigueur les propos de la juge Prévost-Desprez. Une infirmation qui ne gênera pas les journalistes en promo : « C'était couru d'avance : ils ont peur. On les a menacés ! » Sourires entendus des présentateurs qui interviewent les deux auteurs...

Ainsi le talentueux Joseph Macé-Scaron, qui « ose » – dans sa présentation Wikipédia – dénoncer « les menaces qui sont selon lui exercées par Nicolas Sarkozy sur l'ensemble des journalistes politiques ». Producteur d'une émission de critique littéraire sur France Culture, renouvelée en septembre 2011 (ouf, on respire : Sarkozy-Pinochet n'a pas eu sa peau !), ce donneur de leçons raconte, dans un roman auto-

---

1. Gérard Davet et Fabrice Lhomme, *Sarko m'a tuer*, *op. cit.*

biographique, *Ticket d'entrée*[1], les nuits fauves d'un certain Benjamin dans le Marais. Voilà l'histoire : rebelle, car homosexuel, le journaliste Benjamin (Joseph M.-S. lui-même) décide de claquer la porte de « l'hebdo bourgeois » auquel il collabore, *Le Figaro Magazine*, car l'hyper-Président lui téléphone trop souvent pour commenter ses papiers. Sentant son indépendance menacée par cette relation incestueuse, Benjamin-Joseph quittera la presse pour devenir prof de banlieue avec un salaire modeste. Ne riez pas, cette histoire à couper le souffle a eu un joli succès médiatique. Quand on sait que, pour achever ce poussif chef-d'œuvre, Macé-Scaron a plagié des passages entiers de *American rigolos*, le succès de Bill Bryson, on reste perplexe. Car cette fresque, indigne d'un journaliste érudit, nous renvoie aux scénarios divertissants de *Kung Fu Panda 2* ou des *Schtroumpfs*. Pas pire, pas mieux. À lire ce martyr de la plume, on finirait par croire qu'une chape de plomb s'est abattue sur la France depuis cinq ans, alors que jamais un Président n'a été autant décrié, moqué, insulté par Macé-Scaron et ses dizaines de milliers d'amis... en toute liberté !

Ainsi Henri Pac, biographe de Sarkozy : « Par sa difformité de nain manqué et ses nombreuses anomalies excessives, Nicolas Sarkozy illustre la morbi-

---

1. Grasset, 2011.

dité d'une société désertée par la normalité et fascinée par la laideur et les infirmités[1]. » Ou encore : « Une face ravagée par une incessante agitation zygomatique, des mimiques de sous-doué, les mouvements convulsifs des épaules, des bras qui font œuvre sémaphorique, toutes ces expressions spontanées donnent l'impression dérangeante d'un pantin désarticulé[2]. »

Ainsi Alain Duhamel, qui déclare dans les colonnes de *Libération* du 16 septembre 2011 : « Nicolas Sarkozy est devenu l'homme le plus détesté de France, le Président le plus honni de la Ve République. »

Ainsi sur le plateau de *Ce soir ou jamais* – cette émission de France 3 où Frédéric Taddeï a pris l'habitude d'inviter six sociologues du CNRS sarkophobes, contre un député niçois de la droite populaire –, Emmanuel Todd s'écriant : « Il y a quelque chose de très grave, c'est le genre de Président qu'on a. Je suis désolé qu'un système comme le système français arrive à avoir ce machin à la tête de l'État... » La Résistance poussée à son paroxysme... Sur sa lancée, Todd accusera même Nicolas Sarkozy de « travailler contre la Constitution » (*sic* et re-*sic* !)

---

1. Henri Pac, *Le Cas Sarkozy, un président pour rire*, Éditions Baudelaire, 2011.
2. *Ibid.*

et invoquera la destitution du président de la République.

Ainsi les journalistes de *Marianne*, Maurice Szafran et Nicolas Domenach, qui déballent dans leur best-seller *Off, ce que Sarkozy n'aurait jamais dû nous dire* : les confidences que le Président leur avait distillées au fil d'années de complicité dans des entrevues officielles et officieuses. Frustrés de ne pas avoir été invités à taper dans la boîte à cigares du locataire de l'Élysée, ils balancent : « Quand il allume un havane, il n'en propose pas. Un tel geste ne lui vient pas à l'idée. Sarkozy goujat. » Les petits détails bâtissent les grandes réputations...

Ainsi l'écrivain Patrick Rambaud, prix Goncourt 1997, qui ravit la maison d'édition Grasset avec ses long-sellers à répétition :

Chronique du règne du Nicolas Ier,
Deuxième chronique du règne de Nicolas Ier,
Troisième chronique du règne de Nicolas Ier,
Quatrième chronique du règne de Nicolas Ier,
Vivement la cinquième...

Ainsi Rambaud, le mémorialiste, qui esquisse les contours d'un Sarkozy pétri de connerie, sous-clone pathétique et autoritaire d'un Napoléon III d'opérette : « Notre irascible souverain n'avait point d'estime pour son entourage. Il maintenait ses ministres dociles en les ficelant par des honneurs et des charges : un bureau doré, une voiture, des valets et des gardes, cet appareil suffisait à les faire obéir ; pas un ne bronchait. »

Ou encore : « Le prince était à table avec des ministres et des élus, quand le maître d'hôtel lui demanda :

– Que voudra Sa Majesté pour le déjeuner ?

– Un steak.

– Et pour les légumes, Sire ?

Le prince passa longuement les yeux sur toute la compagnie :

– Des steaks aussi. »

Ainsi ces newsmagazines, autrefois réputés pour leur discernement. Ces hebdos rassurants, avec lesquels nous avons grandi, emblématiques du journalisme d'opinion à la française. Ces hebdos talonnés par Rue89, Mediapart, Le Post.fr, s'abandonnent-ils à d'inquiétantes dérives éditoriales...

Ainsi les couvertures du *Nouvel Observateur* (la conscience de la France qui pense) : « La tragédie de Sarkozy » ; « Pourquoi est-il si nul ? » ; « A-t-il déjà perdu ? » ; « Cet homme est-il dangereux ? », ou encore, à l'automne 2011 : « Les coulisses d'une fin de règne ».

Ainsi *L'Express*, en mal de lecteurs : « Le Président qui fait pschitt » ; « Les copains d'abord ».

Ainsi *Le Point*, qui cède aussi à la tentation : « Est-il si nul ? » et « Un parfum de fin de règne ».

Ainsi *Marianne*, dont le cœur de métier, la spécialité incontestée, est la couverture sarkophobe violente et racoleuse – foin des scrupules, quand il faut vendre du papier : « Le voyou de la République » ; « Aujourd'hui *K.O.*, demain *out* » ; « Carla, la Pompadour de l'Élysée » ; « Le boulet. Et si même la droite n'en voulait plus ? »...

Ainsi Marie-Ève Malouines, du service politique de France Info, qui publie une biographie au titre éloquent d'honnêteté journalistique : *Nicolas Sarkozy. Le pouvoir et la peur*[1] : « Sa [Sarkozy] vision de la société et des grands enjeux qui la traversent est assez manichéenne, il y a le bien et le mal, les gentils et les méchants, ce qui est bon et ce qui est mauvais, ce que l'on valorise et ce que l'on réprime. Cela ne peut être que tout l'un ou tout l'autre. La société est divisée en deux mondes tellement hermétiques l'un à l'autre qu'ils en sont irréconciliables. » Fine psychologue, Marie-Ève Malouines nous apprend aussi que Sarkozy a peur : « Si Nicolas Sarkozy veut aller toujours plus haut, c'est parce qu'il a peur. Peur de ne plus être aimé. Peur d'être abandonné. Peur de ne pas être respecté. Nicolas Sarkozy veut le pouvoir pour se rassurer. S'il est incapable de partager sa puissance, ce n'est pas par autoritarisme, mais par crainte d'être trahi. » Comme on l'imagine, c'est

---

1. Stock, 2010.

cette sarkozyste forcenée qui pilote, pendant la campagne électorale de 2012, l'émission *Tous en campagne*, la quotidienne que France Info, la radio d'information publique, consacre au duel Sarkozy/ Hollande...

Ainsi Éric Zemmour lui-même qui lâche, dans la dernière ligne droite : « Normalement, Sarkozy va perdre les élections présidentielles. La crise doit le tuer. Quand il y a un choc économique, le Président sortant n'est pas réélu. Ça a été le cas de Giscard avec la crise pétrolière des années 70[1]. »

Ainsi *Libération*, le 29 septembre 2011, sept mois avant l'élection présidentielle, qui publie les photos de sept personnalités de droite. Façon clichés anthropométriques. Sept photos de proches de Sarko, prises façon gangster, barrées d'un cartouche noir sur lequel est inscrit « convoqué », « mis en examen », « vers une mise en examen ». Titre de *Libé* : « La chute des hommes du Président ». Et un peu plus loin : « Le système Sarkozy en ruines ». Les affaires évoquées à la une sont différentes, certains protagonistes ne sont même pas mis en examen, mais l'effet de volume impressionne bougrement le lecteur. *Libération* parle de déréliction du système. Il y a donc un système ! L'auteur de l'article rappelle la phrase de Bonaparte : « Donnez-moi dix hommes

---

1. i > Télé, 29 octobre 2011.

sûrs et je tiens l'État. » Voilà donc l'ambition de Sarkozy mise au jour : tenir la France à sa botte grâce à un commando de voyous aux ordres : Guéant, Hortefeux, Besson... Merci, monsieur Demorand ! *Libération* déroule l'explication. Comment s'est construite cette communauté d'intérêt mafieuse ? C'est simple : le patron de la police, Frédéric Péchenard, a grandi dans la même rue que les Sarkozy, nous dit l'article. Il a sûrement joué parfois avec le petit Nicolas. Logique, donc, qu'il soit devenu une carpette aux ordres. Le procureur de Nanterre, Philippe Courroye, connaît bien Sarkozy lui aussi, puisqu'il s'est rendu plusieurs fois à l'Élysée. *Marianne* le surnomme « courroie de transmission[1] » et *Libé* en fait un nervi du pouvoir qui a tout mis en œuvre pour étouffer l'affaire Bettencourt. Quant à Nicolas Bazire, le directeur de campagne de Balladur en 1995, il fut témoin de mariage de Nicolas Sarkozy. Aux ordres aussi ! Voilà donc le système Sarkozy dévoilé aux Français !

Ainsi, ainsi, ainsi... soit-il !

Nicolas Sarkozy sera successivement « le Président libéral », « le Président bling-bling », « le Président des riches », « le Président vulgaire », « le Président des mallettes », « le Président des fadettes », « le Président qui a désacralisé la fonction

1. *Marianne*, 1er octobre 2011.

présidentielle »… Si on les prend une à une, chacune de ces vérités proverbiales est contestable. Mais au fond, pourquoi les contester ? Elles sont si solidement implémentées dans le cerveau des Français. Et unanimement admises.

On peut cependant s'interroger légitimement sur les choix éditoriaux qui ont prévalu dans les rédactions françaises pendant les cinq années de la mandature Sarkozy. À l'heure où le Président faisait l'objet de spéculations toujours plus foisonnantes, aucun complément d'information, aucun souhait d'approfondissement n'ont été exprimés par les zélés rédac-chefs de nos hebdos sur la relation étrange que Dominique Strauss-Kahn entretenait avec la gent féminine. Pourtant, chacun connaissait l'existence de Tristane Banon, les déclarations de la députée socialiste Aurélie Filippetti sur DSK, les commentaires explicites du journaliste Jean Quatremer sur les travers sexuels de DSK, publiés dès 2007 sur son blog… Ils savaient cela et bien d'autres choses. Mais enquêter sur les mœurs de l'icône de la social-démocratie ne correspondait pas à l'idée que ces grands newsmagazines se faisaient de l'info. Pas DSK. Pas lui !

« On ne va pas planquer derrière sa chambre à coucher quand même. On n'est pas des tabloïds ! »

Vingt ans plus tôt, les mêmes avaient dit à propos de Mazarine, la fille cachée de Mitterrand, élevée aux frais de la République : « Pas Mitterrand... Pas Tonton. » La presse internationale rit encore de ces préventions. En revanche, déclencher des enquêtes sur le « Président bling-bling », envoyer photographes et paparazzi shooter en gros plan sa Rolex trop voyante constitue une démarche journalistique acceptable. « Ah, là, c'est différent. C'est du journalisme ! »

Courant 2008, nos lestes déontologues sarkophobes ont même eu la riche idée de comparer le Président français à Berlusconi : « Ils sont de droite l'un et l'autre, alors pourquoi s'en priver ? – En plus, ils aiment tous les deux les montres, le bling-bling, les gonzesses... – Mais t'as raison ! C'est les mêmes ! »

Bien sûr, puisque le président de la République déjeunait fréquemment au restaurant avec Martin Bouygues, Arnaud Lagardère ou Serge Dassault, on pouvait risquer une comparaison avec le président du Conseil italien. Et qu'importe si Silvio Berlusconi est propriétaire de la moitié de la planète médiatique italienne, l'équation « Sarko = Berlu *made in France* » a occupé l'espace médiatique pendant des mois... Toujours le même fond de sauce : travailler l'opinion avec des formules, des insinuations, faute de faits précis, quitte à s'arranger avec la vérité.

« J'ai compris que chaque fois que je me mets en avant, c'est un problème », observait Sarkozy en petit comité, au lendemain des régionales de mars 2011. Constat d'impuissance face à des médias omnipotents, alliés peu exigeants de l'opposition, et remobilisés par la désignation de François Hollande. Résultat : seuls 250 élus sur 475 se sont rendus aux journées parlementaires de l'UMP des 13 et 14 octobre 2011. « Certains de nos électeurs ont envie de changement », admet Marie-Christine Dalloz, députée UMP du Jura.

Ainsi *Le Canard enchaîné* croit savoir d'où vient cette rancœur de la presse française envers Nicolas Sarkozy. Pour l'hebdomadaire – qui fait son miel des dénonciations, nombreuses, qu'il reçoit chaque semaine –, la presse n'aime pas Sarko, parce que... Sarko ne l'aime pas. C'est ce qu'on appelle un raccourci. *Le Canard*, qui s'est beaucoup trompé dans son existence, croit en effet savoir que Sarkozy aurait eu cette déclaration malheureuse en privé : « Les journalistes, ce sont des nullards, il faut leur cracher à la gueule, il faut leur marcher dessus, les écraser. » Ne riez pas, cette phrase a été publiée[1].

Pour l'ancien ministre de l'Intérieur, Brice Hortefeux : « Il est vrai que le Président a le sentiment, justifié, d'être assiégé. La presse, par exemple, a été

---

1. *Le Canard enchaîné*, 25 mars 2009.

humiliée de le voir élu, alors qu'elle ne le souhaitait pas. Du coup, pour laver cette humiliation, elle cherche à l'abattre. »

« Les attaques lui font mal, avoue Franck Louvrier, directeur de la communication de l'Élysée. Il a beau y être habitué, il n'a pas la carapace pour tout encaisser. Alors il se protège en étant un peu sélectif, il ne lit pas tout, il n'écoute pas tout. Il a parfois le sentiment que la presse se plaît à appuyer là où ça fait mal, c'est-à-dire les échecs, et qu'elle passe sous silence ses réussites et ses succès. Il vit cela comme une injustice. »

« Quand c'est trop violent, j'arrête de lire, m'a affirmé en juin 2011 Nicolas Sarkozy. Car si je me plongeais dans ces lectures, alors je m'arrêterais au milieu du gué, je ne pourrais plus avancer, je ne ferais plus rien. »

Nicolas Sarkozy est le seul Président de droite à avoir entrepris de s'attaquer au cœur de la matrice idéologique de la gauche : le substrat de la France qui pense. En d'autres temps, le général de Gaulle avait fait quelques concessions en acceptant de céder aux communistes la création et la production télévisées : les journaux télévisés au pouvoir, la grille de programmes aux communistes... Mais Pompidou, Giscard et Chirac avaient définitivement démissionné, considérant que la culture et la pensée étaient des chasses gardées de la gauche. À la gauche, la culture et l'information. À la droite, le fric et les flics...

Avec Sarkozy, pour la première fois en France, un Président de droite revendiquait un espace dans la planète pensante : « Je ne mène pas un combat politique, mais un combat idéologique. Au fond, j'ai fait mienne l'analyse de Gramsci : le pouvoir se gagne par les idées[1]. » Cela revenait à déclarer la guerre aux élites de gauche, tout étonnées de voir se produire l'impensable : on leur contestait, pour la première fois depuis 1945, le leadership dans le monde de la pensée. En revendiquant ce territoire occupé, Sarkozy rompait ainsi une sorte de *statu quo*, un tacite accord de non-agression. Il envoyait un missile au cœur d'un système qui se pensait inviolable.

Qu'on se rassure. Face à l'insolente revendication sarkozyenne, l'intelligentsia menacée allait se mobiliser, faire le compte de ses régiments fidèles, et éventuellement appeler des renforts à l'aide. Les intellectuels de toutes les gauches avaient déjà un allié de poids : les journalistes, dont on considère que la corporation est constituée, au bas mot, de 80 % d'électeurs de gauche (6 % seulement des journalistes sont de droite, selon un vieux sondage de 2001, que je me plais à rappeler). Cette proportion

---

1. Nicolas Sarkozy, *Le Figaro*, 17 avril 2007.

a-t-elle vraiment changé ? Des journalistes dont « l'objectivité », la « déontologie » ne peuvent pas, évidemment, être mises en cause. On se donne le mot et la contre-offensive s'organise. Tout est bon pour railler « Nicolas Ier ». On moque le troisième album de son épouse, Carla Bruni, qui sort en juillet 2008. « Les précédents étaient meilleurs. De toute façon, ses disques ne se vendent plus et plus aucun compositeur ne veut travailler avec elle. » Fin de chargeur. Louée, encensée, félicitée par une presse enthousiaste lors de la sortie de ses deux premiers albums, elle devient subitement moins audible.

Les journalistes de 2012 sont une chambre d'écho. Ils n'investiguent plus, n'enquêtent plus, ou si peu. Ils reformulent ce qu'ils entendent, c'est tout. « Ce qui est terrible, raconte Dominique Baudis, victime d'affabulateurs dans une fausse affaire de mœurs en 2003, c'est que tout à coup, quand s'additionnent l'acharnement dans l'erreur d'une poignée de magistrats et l'effet boule de neige de médias qui se répètent et se copient les uns les autres, vous vous retrouvez pris à témoin dans des affaires dont vous ne connaissez rien. Vous vous savez victime, et la France entière vous croit coupable[1]. » On pourra gloser tant qu'on voudra sur cette réalité,

---

1. Entretien avec Renaud Dély et Henri Vernet publié dans *Tous les coups sont permis*, Calmann-Lévy, 2011.

invoquer les difficultés financières de la presse, ou l'arrivée d'Internet, c'est une réalité que peu de confrères sont prêts à admettre : à des degrés divers, et non sans une habileté qui peut parfois nous égarer, les journalistes reprennent avec un systématisme qui ne laisse pas d'étonner les mots d'ordre que la gauche leur souffle à l'oreille.

Nombreux sont les syllogismes toxiques et les fausses vérités inventées de toutes pièces par le PS ou le Front de gauche, que les journalistes ont repris à leur compte. Souvenez-vous : « Débattre de l'identité nationale, c'est faire le jeu du Front national. » Cette idée s'est imposée comme l'unique vérité sur le sujet. Ne pouvait-on pas offrir une autre lecture ? Une « alter lecture », pour reprendre le langage jargonneux de leurs idoles intellocrates ?

Par exemple : un débat sur l'identité de la République aurait permis de faire émerger les véritables valeurs de notre pays dans un moment de confusion nationale sans précédent. La droite aurait fait valoir ses arguments. Certes, nous aurions vu émerger des lézardes dans l'opinion, des fractures. Et alors ? Rien n'est plus noble qu'un débat lorsqu'il fait jaillir l'opinion. La gauche aurait été légitime à mettre en avant les valeurs de tolérance qu'elle défend : la Déclaration des droits de l'homme, Jaurès, Mitterrand, le « J'accuse » de Zola, le multiculturalisme, que sais-je ? Ce débat aurait été magnifique. L'idée de réfléchir à un socle, un azimut commun, hérité de notre Histoire, n'était en rien choquante. Jean Monnet, l'illustre père fondateur de l'Europe, aurait dit, quelques mois avant sa disparition : « Si c'était à refaire, je commencerais par la culture. » Une sentence qui prend toute sa saveur en ces temps où la solidarité européenne peine à s'exprimer, à l'endroit de nos voisins à la dérive. Inspirons-nous de ce revirement tardif de Jean Monnet et disons : « Si c'était à refaire, la France devrait prendre le temps de réfléchir à ce qu'elle est, à son identité nationale. »

L'idée de se pencher un instant sur notre matériau culturel *avant* relève du bon sens : la question de l'identité européenne n'aurait-elle pas dû être posée *avant* que les peuples ne soient mis à contribution pour éponger les dettes pharaoniques consenties aux pays les plus faibles ? Elle aurait en tout cas permis d'aborder ces sujets avec sérénité. Ce débat sur l'identité nationale ne disait rien d'autre que ce que disait Jean Monnet : face aux chantiers qui nous attendent, délaissons un instant les enjeux économiques, et commençons par les fondamentaux français, le socle : qui sommes-nous ? Qu'avons-nous en commun ? Où voulons-nous aller ensemble ? Cela a été rendu impossible parce que quelques éditorialistes à la solde des maîtres censeurs de la gauche ont brandi, une fois de plus, l'épouvantail de l'extrême droite, le danger de la contamination de ce chantier par les thèses de Marine Le Pen. Dommage, car le débat sur l'identité nationale a été tué dans l'œuf par les « médiacrates » qui ont repris point par point les arguments des associations communautaires.

Il y a des précédents. Ces manipulateurs de bazar, qui nous exhortent tous les quatre matins à trembler devant le FN, font régner une insupportable terreur sur le débat républicain. Ils invoquent sans cesse la peur du fascisme, ce cancer qui guette, tapi dans l'ombre, le moindre coup de mou de notre démocratie... En chacun de nous, la bête sommeille ! Français, tremblez, la tentation raciste est proche : vous avez engendré Pétain, vous pouvez recommencer à tout instant ! Vigilance républicaine !

L'année de mes 18 ans, en 1983, Le Pen père réalisa le score le plus élevé de l'histoire de l'extrême droite française jusqu'à cette époque : 11,4 % dans une législative partielle à Auray, dans le Morbihan. Ce fut mon premier 21 avril. L'école de journalisme dans laquelle je me trouvais était à deux doigts d'entrer en Résistance. Nos professeurs, à l'époque tous communistes, étaient dévastés par ce résultat : le fascisme était de retour ! Durant deux années, ils négligèrent l'enseignement des techniques d'interviews ou du maniement des nouvelles générations de caméras. Seule une chose comptait : empêcher l'arrivée prochaine des néofascistes au pouvoir.

Cette école de journalisme d'État, comme les années passées dans des rédactions de gauche – savoureuse formule pléonastique –, au premier rang desquelles celle de France 3, m'ont formaté pour être un anti-FN. Il fallait s'indigner contre le seul fait politique digne d'intérêt en France : la montée du Front national. Des décennies passées à nous préparer à l'arrivée de la peste brune.

Vingt-sept ans plus tard, aux élections cantonales de 2011, le score du Front national m'apparut comme un malicieux pied de nez de l'Histoire : « les fascistes » réalisèrent rigoureusement le même score qu'en 1983 à Auray : 11,4 %. Les hordes de Le Pen n'avaient pas encore englouti la République...

Le dictateur

À les écouter, il ne resterait plus qu'à coller un petit carré de chatterton noir sous le nez de Sarko, façon moustache, pour parachever le portrait officiel du sixième président de la Ve République. Février 2011. C'est une affiche électorale imaginée par la section de la Vienne du Mouvement des jeunes socialistes. J'invite souvent leur sympathique présidente, Laurianne Deniaud[1], dans mon émission. L'affiche montre Nicolas Sarkozy exécutant un salut hitlérien. Sous cet angle, le Président ressemble à Goebbels. Mais que faisait-il dans cette posture ? Il passait la parole à un journaliste dans une conférence de presse ? Il interpellait un opposant dans un meeting ? Il montrait l'horizon à une salle de Jeunes Populaires en parlant de lendemains prometteurs ?

---

1. Laurianne Deniaud a quitté la présidence du MJS en novembre 2011, pour entrer dans l'équipe de campagne de François Hollande.

Peu importe, car, ainsi utilisée, la photo ne dit qu'une chose : Nicolas Sarkozy = Adolf Hitler. Le petit texte sibyllin en bas de l'affiche en rajoute une couche, au cas où un incommensurable abruti n'aurait pas saisi l'analogie avec le chancelier du IIIᵉ Reich : « Liberté ? Égalité ? Fraternité ? Jusqu'où le laisserez-vous aller ? »

Je vous assure que Nicolas Sarkozy bras tendu, ça fait son effet. Bravo les jeunes ! Bravo surtout aux responsables du PS, aux imprimeurs du PS, aux graphistes du PS qui ont imaginé, conçu, fabriqué et collé cette affiche sur les panneaux électoraux. Lorsque Jean-François Copé, patron de l'UMP, s'est ému de l'affaire, la rue de Solférino a feint l'étonnement : « Nous venons tout juste de découvrir cette affiche. Comme vous. » Hypocrite et nauséabond : le bal des faux culs, version Martine Aubry.

Connaissez-vous la loi de Godwin ? En voici une définition pêchée sur Wikipédia : loi établie en 1990 par Mike Godwin, chercheur de l'université de Yale. Principe : « Plus une discussion en ligne dure longtemps, plus la probabilité d'y trouver une comparaison avec les nazis ou Adolf Hitler s'approche de 1. » Cette loi s'appuie sur l'hypothèse selon laquelle une discussion qui se prolonge peut amener à remplacer des arguments par des analogies extrêmes. L'exemple le plus courant consiste à traiter son interlocuteur de « nazi » et de « fasciste » quand on se trouve à court d'arguments. Dans un débat, atteindre le « point Godwin » revient à signifier à son interlocuteur qu'il vient de se discréditer en invoquant le IIIe Reich. C'est un signe d'échec de la discussion. On estime alors qu'il est temps de clore le débat dont il ne sortira plus rien de pertinent.

Bien des fois, le point Godwin a été atteint par des détracteurs de Nicolas Sarkozy. Dans son discours de Grenoble, le 30 juillet 2010, le président de la République, en réaction à des actes criminels à l'encontre de policiers, évoque l'accroissement du nombre de campements illégaux de Roms sur le territoire. À la suite de ce discours, il donne l'ordre au ministre de l'Intérieur et aux préfets de démanteler au plus vite ces campements irréguliers. Le 5 août, conformément aux textes nationaux et européens, une circulaire ministérielle est publiée dans ce sens. Je vous laisse juger la déclaration de Viviane Reding, la commissaire européenne chargée de la Justice, alors qu'elle entendait « dénoncer » les expulsions de Roms. C'était le 14 septembre 2010 sur les ondes de la radio-télévision francophone belge : « Nous avons, de sinistre mémoire, les déportations pendant la Seconde Guerre mondiale, alors recommencer cela, ce serait la fin de l'Europe. Je dis "non", et en tant que gardienne des traités, je m'y oppose ! » Commentaire horrifié de Jean Quatremer, correspondant du quotidien *Libération* à Bruxelles auprès de la Commission européenne : « Je me suis étranglé en entendant ces propos proprement idiots : comparer l'expulsion des Roms vers un pays démocratique de l'Union européenne n'est en rien, mais alors en rien, comparable à l'extermination des Juifs et des Tziganes[1]. » Alléguer que la France se comporte comme l'Allemagne de Hitler lorsqu'elle tente de maîtriser ses flux migratoires, en toute conformité avec les lois européennes, en renvoyant dans leur pays d'origine (une démocratie européenne) des migrants clandestins, n'est-ce pas là atteindre le célèbre point de M. Godwin ? Commentaire amusé de Jean Quatremer sur son blog : « Je comprends mieux aussi pourquoi la commissaire refuse de rencontrer tous les journalistes (dont moi) depuis le sommet européen... » Aurait-elle honte de ses propos ?

Dans le prêchi-prêcha victimaire d'une certaine gauche, dans la liturgie antisarkozyste, l'allusion à la politique raciale du IIIe Reich est permanente. On la manie parfois avec discernement et par allusion, comme Pierre Rosanvallon, professeur au Collège de France, dans un entretien sur Mediapart : « Aujourd'hui, nous avons la forme la plus carica-

_____

1. *Libération*, 25 septembre 2010.

116

turale et révoltante du sarkozysme, celle de l'union nationale négative, si je puis dire. C'est la tentative de construire du consensus par les formulations les plus archaïques de la xénophobie et du rejet de l'autre. » Message reçu. Dans le fameux discours de Grenoble, le chef de l'État faisait part de sa volonté de modifier la législation, afin que la nationalité française puisse être retirée à toute personne d'origine étrangère qui aurait « volontairement porté atteinte » à la vie d'un policier, d'un gendarme ou de tout autre « dépositaire de l'autorité publique ». La députée socialiste de Bordeaux, Michèle Delaunay, a cru, elle aussi, percevoir en Sarkozy un héritier de Hitler. Hitler ? « Un des plus créatifs dans le genre, qui a mis ainsi à son palmarès : Thomas Mann, Albert Einstein, Erich Maria Remarque, Willy Brandt... J'en connais qui auront du mal à rivaliser. » Encore le point Godwin...

À chaque fois que des actions de démantèlement de camps précaires ont été menées par les forces de l'ordre, on a pu observer une réaction disproportionnée de la presse, des associations diverses, des partis d'opposition, rendant impossible toute explication raisonnée de la part du ministère de l'Intérieur. Des situations d'autant plus paradoxales que la plupart de ces interventions étaient menées dans des banlieues de grandes villes françaises, à la demande de maires communistes ou socialistes. On se souvient de la polémique, née fin août 2011 après qu'un tramway de la RATP avait été « affrété » en Seine-Saint-Denis pour aider les forces de l'ordre à évacuer un camp illégal de Roms. L'opération faisait pourtant suite à une décision de justice prononcée le 28 juillet 2011. Une fois le camp évacué, les Roms avaient souhaité se rendre à Noisy-le-Sec. Un tramway spécial avait donc été réquisitionné pour accueillir ces centaines de voyageurs roms qui apportaient avec eux de lourds et volumineux bagages. Cécile Duflot, patronne d'Europe Écologie-Les Verts, avait alors dénoncé une « opération [qui] rappelle les heures les plus sombres de notre Histoire et réveille en nous une monstrueuse évocation ». La rafle du Vel' d'Hiv, en juillet 1942, lorsque 13 000 Juifs avaient été acheminés vers le Vélodrome d'Hiver à Paris, avant d'être déportés vers des camps d'extermination nazis.

Pas mal non plus, l'approche subliminale de Ségolène Royal, parlant avec toute la solennité requise d'une France « martyrisée ». Ça vous dit quelque chose ? Bien sûr, le mot ne doit rien au hasard : c'est un clin d'œil au célébrissime discours du général de Gaulle, le 25 août 1944, aux premières heures de la Libération, place de l'Hôtel-de-Ville, à Paris : « Paris ! Paris outragé ! Paris brisé ! Paris martyrisé ! Mais Paris libéré ! Libéré par lui-même, libéré par son peuple, avec le concours des armées de la

118

France… » Façon subtile pour Ségolène Royal d'établir un lien avec l'Occupation et le IIIe Reich, en se présentant au passage comme une très gaullienne candidate à la primaire socialiste. Il est toujours bon de faire référence à la figure du Commandeur après l'avoir malmenée dans sa jeunesse. Mais qui s'en souvient ? En septembre 2010, des manifestations organisées par la gauche contre « la politique sécuritaire du pouvoir » se déroulaient un peu partout en France. Le très inspiré séducteur allopathique, Pierre Moscovici, avait osé dénoncer « un climat très pourri et très Vichy ». Heureusement, dès le lendemain, une grande figure du socialisme, éprise de justice, concédait dans sa magnificence : « Nicolas Sarkozy n'est pas Adolf Hitler. » Précision utile, apportée le 5 septembre par le député socialiste de l'Essonne, Julien Dray, sur Radio J. Ouf, on respire ! Erich Maria Remarque n'avait-il pas observé dans *À l'Ouest rien de nouveau* qu'« il est comique que les malheurs du monde viennent si souvent de gens de petite taille » ? À contrecœur, Moscovici corrigeait lui aussi le tir sur son blog : « Sarkozy n'est pas fasciste. » Re-ouf ! Mais pour en être vraiment certain, il fallut attendre le 23 septembre et la remarquable analyse de Jean-Luc Mélenchon, sur Europe 1 : « Sarkozy n'est pas un nazi. » Merci ! Merci de tout mon cœur, chers compatriotes de gauche, pour ces solides repères. Un instant, je le confesse, j'ai failli douter... J'ai imaginé Nicolas Sarkozy descendant les marches du palais présidentiel, une casquette noire frappée de la *Totenkopf*[1] vissée sur la tête, et le col de sa vareuse arborant les deux « S » de sinistre mémoire, alors que flottait le Svastika ennemi au-dessus de l'Élysée. Merci, chers amis de gauche : grâce à votre clairvoyance, les citoyens français n'ont plus à craindre d'être déportés par les gendarmes de M. Fillon !

Pour être honnête, le premier à avoir entrevu la sottise de cette gauche française et son indigence intellectuelle sur la question du sarkozysme s'appelle François Hollande : « La bêtise de l'antisarkozysme, avait-il clamé, conduit à l'attaquer en oubliant les faits. Si excès il y a – et c'est le cas –, Nicolas Sarkozy va chercher la victimisation. » Ainsi, dans un entretien au *Monde*, demande-t-il à ses camarades de « ne plus seulement dénoncer et [...] ajouter *ad nauseam* des arguments à l'antisarkozysme, mais d'ouvrir un autre chemin[2] ». C'était bien avant la campagne de 2012...

Plus largement, l'allusion à un Sarkozy autocrate et rancunier est quotidienne. Transportée par la victoire des socialistes aux sénatoriales, à l'automne 2011, ce « nouveau 10 mai 1981 », la presse donna

---

1. Insigne nazi représentant une tête de mort.
2. *Le Monde*, 19 septembre 2011.

à l'événement l'ampleur qu'il méritait. Mais il fallait faire davantage encore. Il fallait désigner le symbole de ce basculement. Celui qui s'était levé quand tous rampaient aux pieds du dictateur. Les journalistes débusquèrent Francis Baisson, le maire de Saint-Flovier, une commune de 600 habitants située en Indre-et-Loire. Quelques jours après le changement de majorité au Sénat, M. Baisson eu l'incommensurable courage de dire que lui, grand électeur sans étiquette, avait eu l'audace de voter pour un sénateur socialiste ! Tout à sa gloriole médiatique, Baisson passa sa semaine à poser sur le perron de sa mairie, sous les sunlights de la grande presse parisienne. Lorsqu'on lui demanda si son acte ne comportait pas une part de danger, ce nouveau Jean Moulin murmura à demi-mot à l'adresse d'un journaliste de télévision aux anges : « Je sais qu'il y aura des représailles… » Chut ! Résistants, soyez prudents : les murs ont des oreilles. La police politique du Ceausescu élyséen veille… « Voyou, nazi, nul, cela ne me dessert pas ! », s'est un jour exclamé Nicolas Sarkozy.

Pour conclure ce chapitre, je note que le député socialiste du Lot-et-Garonne, Jérôme Cahuzac, préside la puissante commission des finances de l'Assemblée nationale depuis le 24 février 2010. Et il n'est pas un cas isolé. En marge de la politique d'ouverture qui a prévalu au début de son mandat,

Pourquoi Sarko va gagner

Nicolas Sarkozy a soutenu de nombreuses candidatures socialistes à des postes clés : Didier Migaud, premier président de la Cour des comptes depuis février 2010, Dominique Strauss-Kahn à la tête du FMI... Plutôt fair-play, le dictateur !

Pourquoi lui et pas les autres ?

Le dimanche 11 mars 2011, à 12 h 45, Canal+ diffuse un reportage très favorable à DSK. Ce 52 minutes doit donner aux Français l'exacte mesure de l'état d'esprit du patron du Fonds monétaire international : sera-t-il candidat à l'élection présidentielle de 2012 ? Vous le saurez en regardant le documentaire de Canal. Dans ce reportage, extrêmement bienveillant, l'ex-futur candidat socialiste à la présidentielle ne dit rien de précis sur ses ambitions. Mais on devine « entre les lignes » qu'il sera candidat. En revanche, il est disert sur la crise grecque. Franchement décontracté, DSK donne même dans l'ordinaire : « La réalité, c'est que ces gens-là, ils sont dans la merde. [...] Ils ont beaucoup bricolé [...]. En Grèce, ça truande un maximum. »

Personne ne trouve rien à redire sur le langage du chantre de la social-démocratie. Ni les journalistes ni Loncle. Le plus brillant d'entre tous les politiques a le droit, lui, de s'offrir des écarts de langage ! À cette époque, tous considèrent que DSK, c'est le casting parfait pour l'Élysée 2012...

Dans le sujet de Canal+, on voit aussi DSK en Afrique noire, en mission pour le FMI. Le journaliste le filme dans la salle de bains de sa chambre d'hôtel. En parlant à la caméra, l'ancien maire de Sarcelles accroche son costume anthracite au portant de la douche, au-dessus de la baignoire. Puis il ouvre le robinet d'eau chaude en position maximale, et tire le rideau. Au bout de quelques secondes, une épaisse vapeur se dégage.

« Je fais toujours ça en déplacement. Je laisse couler l'eau brûlante à fond pendant trois quarts d'heure. Avec la vapeur dégagée, ça enlève les plis de mon costume. »

Au soir du 10 mai 1981, aucun journaliste n'a trouvé que la Francisque n° 2022, accrochée au veston de Mitterrand par le maréchal Philippe Pétain à l'automne 1943 – huit mois seulement avant le débarquement en Normandie – était de nature à ternir le job élyséen. Et cette indéfectible amitié pour le collabo Bousquet, n'était-elle pas incompatible avec le digne exercice de la fonction suprême ? Et quid de l'homme d'affaires véreux Roger-Patrice Pelat ? De l'abandon de l'ami, François de Grossouvre, suicidé à l'Élysée ? De l'ex-Premier ministre Pierre Bérégovoy, déchiré à en mourir par le mépris du Sphinx ? Aucun journaliste n'a rappelé que le

système d'écoute et de surveillance mis en place par
Mitterrand pour « protéger » sa fille Mazarine portait atteinte à la France. Aucun journaliste ne s'est
ému non plus quand François Mitterrand, en
février 1981, alors en pleine campagne électorale,
allait se goberger chez le dictateur Kim Il-sung, en
Corée du Nord. Personne n'a voulu écornifler
l'image de Tonton, quand on le savait vacillant
entre voyantes et reliques de sainte Thérèse, entre
invocations des forces de l'esprit et croyance à des
médecines de perlimpinpin. C'est qu'en ces temps
éloignés, les journalistes qui s'en prenaient au pouvoir, à l'instar de Jean-Edern Hallier, pouvaient le
payer très cher...

Aucun journaliste n'a trouvé que Valéry Giscard
d'Estaing désacralisait la fonction présidentielle en
rentrant à l'Élysée à 6 heures du matin, éméché, au
volant d'une Ferrari empruntée à un ami. Sur le
moment, la presse satirique s'est un peu moquée,
mais jamais on n'aurait allégué que l'habit présidentiel n'était pas taillé pour le joueur d'accordéon de
Chanonat. Aucun journaliste n'a trouvé honteux
que VGE, alors jeune ministre des Finances de De
Gaulle pendant la guerre d'Algérie, ait été proche
de l'OAS[1]. Ni qu'il ait choisi comme directeur de

---

1. Éric Branca et Arnaud Folch, *Histoire secrète de la droite,
1958-2008*, Plon, 2008.

campagne, en 1974, Pierre Sergent, ancien patron de l'OAS-Métro pendant la guerre d'Algérie, deux fois condamné à mort par contumace. De même, s'est-on demandé si Giscard ne désacralisait pas la fonction en ponctionnant les caisses de l'État pour offrir au guignol de Bangui, Bokassa Ier, un couronnement à la hauteur des ambitions napoléoniennes et tropicales de cet ancien adjudant de l'armée française ? Et ce même VGE, acceptant que son Premier ministre, Jacques Chirac, désarme le paquebot *France* en 1976 ? Ou encore VGE racontant ses crises d'angoisse paralysantes à bord d'un véhicule militaire de parade en plein 14 Juillet sur les Champs-Élysées ; ses prétextes pour quitter le Conseil des ministres afin de subir une injection de calmant ; son désir de se faire psychanalyser par Lacan pendant son septennat ? Tout cela n'avait rien de gaullien et donnait de l'occupant de l'Élysée une image qui manquait singulièrement de pudeur républicaine. Les journalistes ont-ils pour autant écrit, à longueur de septennat, que Giscard n'était pas à sa place ?

Plus récemment, aucun journaliste n'a trouvé à redire sur l'état psychique de Jacques Chirac après la dissolution de l'Assemblée nationale, en 1997, et les traitements qu'il a suivis à cette époque. Aucun chroniqueur n'a estimé que le Chirac d'alors altérait la fonction présidentielle, ni que ce Président peu actif, uniquement soucieux de se succéder à lui-même, la désacralisait. Soyons honnête, le fameux paragraphe sur les odeurs, prononcé le 19 juin 1991[1], alors que Chirac n'était que président du RPR et maire de Paris, n'a pas eu de conséquences politiques graves. Pas l'once d'un tsunami médiatique ! Tout juste quelques remous. Imaginons un instant que Sarkozy l'ait prononcé : « Il est certain que d'avoir des Espagnols, des Polonais et des Portugais travaillant chez nous, ça pose moins de problèmes que d'avoir des musulmans et des Noirs [...] Comment voulez-vous que le travailleur français, [...] qui travaille avec sa femme et qui, ensemble, gagnent environ 15 000 francs, et qui voit sur le palier à côté de son HLM, entassée, une famille avec un père de famille, trois ou quatre épouses et une vingtaine de gosses et qui gagne 50 000 francs de prestations sociales, sans naturellement travailler. Si vous ajoutez à cela le bruit et l'odeur, eh bien le travailleur français sur le palier devient fou. [...] Et ce n'est pas être raciste que de dire cela. Nous n'avons plus les moyens d'honorer le regroupement familial, et il faut enfin ouvrir le grand débat qui s'impose dans notre pays, qui est un vrai débat

---

1. Jacques Chirac s'exprimait devant 1 300 militants gaullistes, à l'occasion d'un dîner-débat du Rassemblement pour la République (RPR) à Orléans.

moral, pour savoir s'il est naturel que les étrangers puissent bénéficier, au même titre que les Français, d'une solidarité nationale à laquelle ils ne participent pas, puisqu'ils ne payent pas d'impôt. »

Qui est venu nous dire que le discours d'Orléans risquait de ternir l'image d'un Chirac qui, quatre ans plus tard, accédait à la plus haute marche du pouvoir ? Et l'affaire des nombreux billets d'avion payés en argent liquide par Jacques Chirac à son entourage ? Et Chirac passant sa retraite dans un appartement « prêté » par l'affairiste libanais Hariri ?

Alors, pourquoi Sarkozy et pas ses prédécesseurs ? Pour Henri Guaino, cet acharnement du système, ce manque de retenue vis-à-vis du premier personnage de l'État s'expliquent par le fait que « les castes qui encadrent la société française détestent ceux qui ne sont pas issus de leurs rangs ». Pour Chantal Delsol, philosophe néoconservatrice et catholique, de droite : « Il est vulgaire…[1] »

Le 26 septembre 2011, alors que la gauche française remportait la majorité absolue au Sénat – avec deux sièges d'avance sur la droite –, la bataille pour obtenir la présidence de la Chambre haute s'annonçait âpre. Jean-Pierre Bel, le socialiste, pouvait légitimement croire en ses chances. Toutefois, Gérard Larcher, le candidat de la majorité sarkozyste, pou-

---

1. *Le Monde*, 31 octobre 2010.

vait prétendre lui aussi au plateau, grâce au jeu des alliances. Mais trois jours avant l'élection, devant des parlementaires de la majorité et des conseillers UMP, Nicolas Sarkozy mit tout le monde d'accord : « Il faut perdre la présidence du Sénat dans la dignité. » Vulgaire, Sarkozy ? Et si, en politique, la véritable élégance se mesurait dans la défaite ?

Humainement détestable

Juste avant l'élection présidentielle de 1995, le duel à droite est en train de tourner à l'avantage d'Édouard Balladur. L'homme aux trois mentons caracole sur les crêtes sondagières. Même *Le Monde* en a fait son champion. Chirac, pense-t-on, a bataille perdue. L'affaire est entendue. C'est le moment que choisissent les compères Nicolas Domenach et Maurice Szafran pour publier un ouvrage sur le duel à mort que se livrent les deux « amis de trente ans ». Pour le lancement de leur essai, ils organisent un dîner dans le très chic et très parisien restaurant « Chez Edgar ». Vingt-deux convives, en présence d'Olivier Orban. Après avoir dégusté moult nectars gouleyants, l'un des deux journalistes lance à la cantonade :

« Imaginez, ce qu'à Dieu ne plaise, que nous soyons sous l'occupation allemande. La Gestapo est à vos trousses dans Paris. Chez qui iriez-vous vous réfugier ? Chez Édouard Balladur ? Ou chez Jacques Chirac ? »

L'assemblée se prend au jeu et, après quelques minutes, c'est le nom de Chirac qui sort vainqueur. Un plébiscite nord-coréen, puisque l'unanimité de cette assemblée jugea plus opportun d'aller se planquer chez Chirac en cas de traque gestapiste : « J'ai plus confiance... Il est plus sympa... Balladur, comment dire, c'est plus compliqué... » Chirac 22, Balladur 0. Un signe dans la nuit ! La suite, on la connaît : contre toute attente, celui qui était perçu comme un benêt sympathique déjoua les pronostics et devint président de la République face au chouchou des sondages, des élites et du *Monde* : l'économiste hautain et méprisant.

Conclusion de la présidentielle de 1995 ? Il est préférable d'avoir un bon air sympa qu'un bon programme économique.

Électeurs français, attention au *cool fellow syndrome* ! Sur ce point, Sarkozy a du souci à se faire. Si c'est là le critère important du scrutin de 2012, il ne sera pas réélu. François Hollande, l'homme qui veut « réenchanter le rêve français » et qui a un peu hâtivement promis d'embaucher 60 000 enseignants supplémentaires sur cinq ans, est de prime abord beaucoup plus sympathique. Hollande a-t-il transformé la campagne 2012 en Saint-Valentin géante dans le but de couvrir les électeurs français, tout

ébaubis, de généreuses brassées de promesses irréalistes[1] ? Pour Alexis Corbière, secrétaire national du
Parti de gauche coprésidé par Jean-Luc Mélenchon,
ça ne fait aucun doute : « Hollande sait mentir, enfu-
mer, tricher [...]. Il est même un expert de toutes
ces disciplines[2]. »

Les électeurs français tomberont-ils dans le piège ?
Succomberont-ils aux sirènes – un tantinet démagos,
reconnaissons-le – de ceux qui sont prêts à tout pour
obtenir un pouvoir qui leur échappe depuis plus de
dix ans ? Sarkozy, lui, ne promet pas la lune. Et il
paie cher sa franchise : plus rien ne semble désormais capable d'enrayer la surenchère sarkophobe.
Plus absolu que le Roi-Soleil, plus pervers que Mitterrand, plus rancunier que Chirac, plus méprisant
que Giscard, plus détestable que tous réunis : Nicolas Sarkozy. « Je suis l'homme le plus haï de France,
cela me donne une petite chance, n'est-ce pas, d'être
un jour le plus aimé », avait lancé François Mitterrand, à la fin des années 1960...

L'idée d'un Sarkozy machiavélique, diabolique,
haineux, est récente. Elle culmine au début du mois

---

1. À propos de cette prodigalité socialiste, Claude Guéant
a remarqué ceci : « Avec Hollande, c'est le Concours Lépine
de la dépense, des impôts et des déficits », *Le Figaro*,
22 octobre 2011.
2. *Le Figaro*, 30 octobre 2011.

de septembre 2011. « C'est absurde, commente Arno Klarsfeld. Si je me suis engagé en politique aux côtés de Sarkozy, c'est justement parce que, de tous, c'est le plus gentil… Les autres ont l'air sympa, mais au fond, ils ne le sont pas. Lui, si. Je dirais même de Sarkozy qu'il est un vrai gentil[1]. »

Pour Franck Louvrier, « sa façon de travailler en dit beaucoup sur l'homme. Quand il y a un problème, tout le monde se met autour de la table et on essaie de trouver des solutions. Il avance comme un manager moderne, avec peu de hiérarchie et beaucoup de collégialité. Jacques Chirac travaillait énormément avec son secrétaire général et, ensuite, il déléguait les dossiers aux équipes. François Mitterrand, il lui arrivait de confier deux dossiers similaires à deux personnes, sans leur dire qu'elles étaient deux à travailler sur le dossier. » Denis Tillinac raconte : « Il veut entrer dans la tête de l'autre. Il rode des idées. Il sollicite des avis. Si on n'est pas d'accord, il se défend, il ne craint pas d'antagoniser la discussion. Il a aussi cette capacité supérieure à détecter ce qu'il y a de nouveau. Le peu qu'on lui dit se balade dans un coin de ses neurones, c'est un kaléidoscope qui enregistre. Il est moins enfermé dans ses certitudes qu'un Chirac[2]. »

---

1. *Salut les Terriens*, Canal+, 22 octobre 2011.
2. *L'Express*, n° 2033, 1ᵉʳ septembre 2011.

Les deux journalistes du *Monde*, Fabrice Lhomme et Gérard Davet, anciens de Mediapart, ne voient pas les choses comme Arno Klarsfeld. Je reviens sur leur brûlot au titre accrocheur, imprimé en lettres rouges géantes sur couverture noire : *Sarko m'a tuer*. Un recueil de vingt-sept témoignages. Vingt-sept disgraciés de la sarkozie. Vingt-sept victimes. Les deux journalistes osent – au péril de leur existence, sans doute – nous décrire une République française transformée en dictature subsahélienne. Il fallait entendre les hommages consensuels de toute la profession : « Vous avez eu le courage de pénétrer la sarkozie au cœur pour nous décrire les mécanismes d'un système... »

Un système... Pire ! À la lecture du bouquin, on a le sentiment d'une République bananière où offenser le chef de tribu équivaut à commettre un crime d'État. Recroquevillés sur leur « axe éditorial », les deux journalistes nous racontent un Sarko Ier qui, du haut de son trône, le cou orné de colifichets de pacotille, excommunie magistrats rebelles, hauts fonctionnaires indociles, journalistes insolents, humoristes moqueurs et grands patrons indépendants d'esprit. Sur tous les plateaux de télévision, Lhomme et Davet nous racontent ce tyran arbitraire, dont les colères froides président en premier lieu au destin du pays. Mais c'est bien sûr ! Les haines de Nicolas Sarkozy conduisent la France.

Elles l'emportent sur la raison d'État ! Le livre nous dévoile que l'ex-P-DG de la Société Générale, Daniel Bouton, n'a pas été viré à cause de l'affaire Kerviel... mais parce qu'il avait attendu plusieurs jours avant d'alerter le Président sur les prises de positions hasardeuses du trader. Le Tom Pouce de l'Élysée, bouffi d'orgueil, vexé, ne l'aurait pas supporté et aurait obtenu la peau du banquier ! Ben voyons...

Vexé sans doute aussi par les sorties peu amènes de la députée socialiste de Lorraine, Aurélie Filippetti, qui l'avait accusé de ne pas avoir tenu parole à propos de la reconversion de l'aciérie ArcelorMittal de Gandrange. La députée socialiste racontera par la suite que le Président, plein d'acrimonie, aurait lâchement jeté en pâture aux journalistes du *Figaro* un rapport de police détaillant des scènes de violence conjugale, dont son époux, le célèbre économiste de gauche Thomas Piketty, se serait rendu coupable... À l'aune des obsessions vengeresses d'un Président plus froid qu'un porte-flingue serbo-croate, plus susceptible qu'un mafieux sicilien, on parvient ainsi à décrypter la politique française depuis 2007 : comment expliquer l'antagonisme avec Dominique de Villepin ? Les auteurs ont la réponse ! À cause des 30 cm de plus affichés sous la toise par le vieux beau chiraquien. Mais oui... Sarkozy est petit, donc méchant, et Villepin est grand, donc plein de bienveillance... La mise à

l'écart de Patrick Devedjian ? La réponse du dictateur aux propos peu exaltés du député UMP sur
les premiers pas en politique de Jean Sarkozy, le
« fils de »... PPDA atteint par la limite d'âge à TF1 ?
Pas du tout ! Viré par le Salazar de l'Élysée, parce
qu'il avait comparé Sarkozy à un petit garçon. Tous
les réprouvés y vont de leur lamentation. Jacques
Espérandieu du *Journal du dimanche*, propriété
d'Arnaud Lagardère ? Viré, sur ordre de l'Élysée,
pour avoir fait sa une sur Fillon : « Loyal mais pas
courtisan. » Alain Genestar ? *Idem.* Personne n'a
jamais évoqué la possibilité qu'il ait pu être remercié
de *Paris Match* – propriété du même Lagardère –
pour d'autres raisons que cette une montrant Cécilia
Sarkozy et son amant Richard Attias... Pourtant,
dans les mois précédant son renvoi, le célèbre titre
avait vu ses ventes considérablement baisser et Paris
bruissait de rumeurs sur le départ de Genestar, qui
n'avait pas su, disait-on, régler le problème.

Des cohortes d'auteurs anonymes se pâment
devant le livre des deux journalistes. Sur le Net, les
procureurs amateurs se joignent aux loups : « J'vais
vous dire, m'sieur Sarkozy, je crois, comme beaucoup d'autres observateurs ou acteurs de la vie
publique, que vous n'êtes pas en état de gouverner
ce pays. Votre ego surdimensionné, votre hyperactivité, votre boulimie de pouvoir font de vous un
homme dangereux pour la paix civile et la démo-

cratie. » Bravo l'internaute. À la veille de l'élection présidentielle de 2012, et au terme d'un quinquennat, je ne vois rien poindre de ces funestes prophéties. Le Sénat a basculé dans l'escarcelle socialiste sans qu'un coup de feu ait été tiré dans la rue, et les socialistes ont eu tout le loisir d'organiser lesprimairescitoyennes.fr avec le concours de la télévision publique, pourtant aux ordres de Nicolas Ier...

Une émission en première partie de soirée sur France 2, le 15 septembre 2011 à 20 h 30 – financée par les contribuables français – a royalement mis en scène le processus du PS pour choisir son candidat. Le réalisateur, Jean-Jacques Amsellem, évoquait des moyens exceptionnels : un studio de 800 m^2 avec sécurité renforcée, deux espaces réservés aux interviews et aux débats et treize caméras ! En amont, les socialistes avaient âprement négocié avec France Télévisions pour imposer leurs règles de fonctionnement au service politique de la chaîne publique :

– Primo : une minute de présentation pour chacun des six candidats : Martine Aubry, Jean-Michel Baylet, Ségolène Royal, François Hollande, Manuel Valls, Arnaud Montebourg. Puis, après un tirage au sort pour déterminer l'ordre de passage, chacun exprimera le sens de sa candidature derrière un pupitre, en position debout.

– Deuzio : dix minutes d'interview face aux journalistes. Chaque candidat devant être interrogé à tour de rôle sur son programme par Fabien Namias, responsable du service politique de France 2, Françoise Fressoz du *Monde* et le présentateur du journal de 20 heures de France 2, David Pujadas.

– Enfin, exigence ultime des socialistes : aucun plan fixe des candidats qui écoutent pendant que l'un d'entre eux parle.

Pourquoi la télévision d'État a-t-elle engagé des fonds publics pour aider une officine privée – un parti politique – à choisir son candidat ? L'aurait-elle fait pour un autre parti ? Le Front de gauche ou le Front national auraient-ils bénéficié d'une émission à 20 h 30 s'ils avaient décidé de faire, eux aussi, des primaires ? Le 12 octobre, France 2 a offert à nouveau un *prime time* aux deux finalistes socialistes, Aubry et Hollande. Au total, pas loin de dix heures d'antenne avec les chaînes privées[1]. Là encore, aucun affrontement, aucune confrontation d'opinions, ni pendant ni après l'émission. Les jour-

---

1. Audiences : France 2 – 15/09/2011 à 20 h 30 : 4,9 millions de téléspectateurs (22 % PDM) ; i > Télé/LCP – 28/09/2011 à 18 h 30 : 600 000 téléspectateurs (1 % PDM) ; BMF TV – 05/10/2011 à 20 h 30 : 1,4 million de téléspectateurs (5,6 % PDM) ; France 2 – 12/10/2011 à 20 h 30 : 5,9 millions de téléspectateurs (22 % PDM).

nalistes se sont contentés de passer courtoisement les plats :

« À vous, Martine Aubry, il vous reste encore deux minutes dix de temps de parole… »

« Attention, monsieur Hollande, vous avez trente secondes d'avance. »

Une succession soporifique de professions de foi où n'importe quoi pouvait être dit sans risque : un résultat aux contours soviétoïdes, indigne d'une grande démocratie. Le contraire des primaires américaines. Pourquoi donc le service politique de France 2 n'avait pas jugé utile de programmer un débat avec des élus de l'UMP, du Front de gauche, du Front national, de EELV[1], bref avec de véritables opposants ?

Fin octobre 2011, le Conseil supérieur de l'audiovisuel a dénoncé ce déséquilibre jamais atteint dans la répartition des temps de parole gauche-droite. Le très remuant Syndicat national des journalistes (SNJ-CGT), si prompt à dénoncer les manquements à la déontologie au sein de France Télévisions, aura été, cette fois, d'une discrétion rare.

Le jeudi 27 octobre, Nicolas Sarkozy était interviewé par France 2 après l'intervention décisive des 17 pays de la zone euro au chevet de la Grèce. L'occasion pour la chaîne publique de renouer avec

---

1. Europe Écologie-Les Verts.

le débat critique, abandonné l'instant d'une primaire socialiste. Après les soixante-quinze minutes d'interview présidentielle, France 2 n'oublie pas, cette fois, de programmer, en deuxième partie de soirée, un débat contradictoire. Son objectif ? Commenter à chaud et détricoter les arguties de Nicolas Sarkozy. La chaîne publique a invité en direct : Marine Le Pen, Jean-Luc Mélenchon, Manuel Valls, Hervé Morin (en duplex de Marseille), le journaliste économique de BFM Business François Lenglet. Rien à voir avec l'esprit bon enfant et copain-copain souhaité par France 2 pour lesprimairescitoyennes.fr. Deux poids, deux mesures... Alors que, depuis le début du quinquennat, chaque intervention du président de la République a toujours été suivie d'un échange politique avec ses opposants, les socialistes, eux, ont bénéficié d'un passe-droit incroyable : un débat sans contradicteur !

Pourquoi Sarkozy le tyran a-t-il accepté que la télévision publique déroule ainsi le tapis rouge sous les Louboutin et les Weston des candidats à la primaire socialiste ? Certes, un temps de parole équivalent sera sans doute rendu à la majorité. Mais cette fois, Alain Juppé ou Jean-François Copé seront face à des journalistes et à des contradicteurs opiniâtres, comme il se doit. Alors que les socialistes, eux, n'avaient face à eux que des « speakers » sou-

145

cieux d'une juste répartition du temps de parole. Une émission politique ? Non, un clip électoral.

Le « Tout-sauf-Sarkozy » se nourrit aussi d'experts professionnalisés, sortes de directeurs de conscience qui font commerce de leur art auprès de toutes les rédactions. Ceux-là ont fait de l'antisarkozysme un métier. Vous les entendez chaque jour distiller leurs conclusions.

Le psychiatre et psychanalyste Serge Hefez a-t-il rencontré Sarkozy ? Je ne suis certain de rien. C'est pourtant lui que l'ensemble des médias convoque à chaque fois qu'il convient de parler de la psychologie du Président. Il est le psy en chef de Sarko... Sauf qu'il a peu de bienveillance à l'égard du plus lucratif de ses patients. Auteur du très remarqué *La Sarkose obsessionnelle*[1], paru un an après l'élection présidentielle de 2007, il analyse le narcissisme de la société française à travers celui de Nicolas Sarkozy. Extrait de la pensée hefézienne : « Certes, il exhibe son bon plaisir et nous rappelle que le pouvoir ça fait jouir, sur tous les plans et dans toutes les positions. Qu'un mâle exultant sur le trône de ses conquêtes fasse fantasmer les foules n'a rien de surprenant. Mais qu'un homme utilise à ce point son

---

1. Serge Hefez, *La Sarkose obsessionnelle*, Hachette Littératures, 2008.

mandat pour le convertir en jubilé ininterrompu, en ivresse de lui-même, en stimulant pour mieux désirer et être désiré commence à susciter un réel malaise. » Il en sait des choses, M. Hefez. Et il réussit le tour de force de livrer un diagnostic sur un patient qu'il n'a jamais rencontré ! Et quand bien même l'aurait-il écouté, allongé sur un divan, ce qu'à Dieu ne plaise, il se serait rendu coupable de violation du secret professionnel. Le plus dérisoire dans cette démarche très « militante » est que son avis éclairé s'assortit de remarques d'ordre politique, habilement mêlées aux considérations d'ordre médical.

Ce fut également le cas lors d'une interview accordée au journal *Libération*, en janvier 2008 : « J'ai su depuis le début qu'il avait un problème de quéquette (*sic*), il est largement en train de me donner raison. Les narcissiques sont des sujets blessés, précisément carencés du point de vue de l'estime d'eux-mêmes, du fait de déceptions précoces. Qui leur reste-t-il à aimer sinon eux-mêmes ? Chacun semble aujourd'hui prendre conscience que la machine s'emballe ; chacun guette l'accélération des tics de "cheval fougueux", soupèse l'éventualité d'une explosion en plein vol. L'activisme forcené de notre Président, en virant à une gesticulation de plus en plus vidée de sa substance et de sa vérité, semble à présent mettre en scène, sous nos yeux ébahis, le spectacle de son autodestruction. »

Quelle autodestruction ? Quelle gesticulation ? Certainement pas son voyage à Benghazi où sa détermination a permis à tout un peuple de retrouver l'espoir. Certainement pas son intervention à la tribune de l'Onu pour défendre une solution alternative afin d'avancer vers la création d'un État palestinien. De même, sa volonté de sauver la Grèce, malgré l'Allemagne, malgré une Europe timorée, peut-elle être comparée à « une gesticulation [...] vidée de sa substance » ? Hefez/Nostradamus s'est trompé, en confondant la psychanalyse et la voyance.

« Je ne gagnerai pas parce que je suis aimé, mais parce que je suis crédible[1] », analyse le chef de l'État. Sarkozy est-il humainement détestable ? Oui, jusque dans sa relation amoureuse, tente de démontrer le psycho-stratège Henri Pac : « Il s'empare de l'image de gravure de mode reflétée par sa nouvelle conquête aux fins d'utiliser sa modernité et sa dimension people[2]. » Pour une fois qu'un Président choisit simplement d'épouser une femme à son goût, plutôt que d'entretenir un sérail de courtisanes...

---

1. Cité dans *L'Express*, n° 2033, 1ᵉʳ septembre 2011.
2. Henri Pac, *Le Cas Sarkozy, un président pour rire, op. cit.*

Borderline

« Veut-on écraser un individu isolé, sans manège, sans appui ? On le calomnie dans un libelle », écrivait Marat. Les libelles n'existent plus depuis belle lurette. En fait si, ils existent encore : les blogs. Espace de liberté, mais espace incontrôlé et incontrôlable. Tapez « blogs sur Sarkozy » sur Google et vous verrez ce chiffre surréaliste s'afficher : 63 millions de résultats. « Pour ceux qui veulent abattre Sarkozy » ; « sarkostique.over » ; « antisarko.net » ou encore « toutsaufsarkozy.com »... On trouve tous les styles. Sur Facebook, des groupes rêvent même d'en finir avec le président de la République. Il faut tuer Sarkozy. Éradiquer le mal ! Chaque jour, des blogs naissent, meurent. À l'heure où ces lignes sont imprimées, certains ont peut-être cessé d'exister et de répandre leurs phobies recuites. D'autres sont peut-être nés, pires que les précédents.

La haine se cuisine à toutes les sauces : le cynisme froid, l'abjection scatologique, la violence gratuite, la bêtise déroutante, l'appel au meurtre. Oui, vous avez bien lu. En quelques clics, on trouve des appels au meurtre organisés par des forums comme « Pour ceux qui veulent abattre Sarkozy ». Forums qui apparaissent et disparaissent au gré des semaines. On débusque des poèmes aux rimes soignées :

Sarko Ordure
Sarko Pourriture
Sarko Crevure
Tu te crois issu d'une race pure
Mais tu es un impur

Mais aussi des morceaux de rap, comme celui-ci, signé du rappeur Saloon. Dans le texte, l'artiste explique avoir été emprisonné à cause de ses opinions anti-Sarko :

J'pensais pas qu'autant d'Français
    étaient des trous du cul.
J'aurais dû m'la fermer,
    j'aurais dû m'taire.
Au lieu de chanter :
« Sarkozy va niquer ta mère. »

Ou encore « Bienvenue à La Courneuve Sarkozy » d'Alibi Montana : « Et Nico, c'est ta peau que tu laveras au Kärcher. Et s'il te plaît, n'oublie pas de la laver sous la chair. »

On trouve aussi des pots-pourris de tous les mensonges d'État de Sarkozy, la liste des casseroles de Nicolas Sarkozy, et des sites historicisants : « Avec Sarkozy, le fascisme est de retour avec un nouveau visage. Il a évolué vers une forme "moderne", débarrassée de l'antisémitisme, mais en conservant les mêmes principes et les mêmes méthodes : autoritarisme, culte de la répression, mépris de la démocratie, propagation de la haine, désignation de boucs émissaires, et absence de scrupules[1]. »

Ou bien : « Nicolas Sarkozy n'est pas antisémite (au contraire), mais il est violent, rempli de haine, et ne supporte pas les opinions différentes de la sienne. Son ambition dévorante, sa soif de pouvoir, le fait qu'il ne pense qu'à son intérêt personnel, sa démagogie, son mépris de la démocratie, son intolérance et sa haine font de Nicolas Sarkozy un danger majeur[2]. »

Ou encore, ce blog qui appelle à la démission de Sarkozy : « Pour ceux et celles qui souhaitent la démission de l'usurpateur qui a fait croire aux citoyens qu'il était en capacité d'exercer la fonction de président de la République et qui n'y arrive pas et en plus bafoue sans vergogne cette République[3]. »

---

1. Sarkozy ou le fascisme des temps modernes, (www.association-mnh.com).
2. www.syti.net/SarkozyDanger.html.
3. www.over-blog.com/Pour la démission de Sarkozy.

Et s'il n'y avait que le Net ! La violence, c'est aussi ce concert donné dans une petite commune du Loir-et-Cher, au cours duquel la chanteuse Lio a souhaité au Président de « crever » rapidement. *No comment !* La brune qui compte pour des prunes aurait sans doute appartenu à la cohorte vociférante de celles qui emmenaient les « sorcières » au bûcher, les récalcitrants à la guillotine et les dissidents au Goulag.

En août 2010, la violence, c'est le père Arthur Hervet, un prêtre lillois de 71 ans, qui déclara publiquement qu'il venait de prier pour que Nicolas Sarkozy « ait une crise cardiaque ». Curieuse sortie pour un apôtre du Christ ! Bien sûr, les médias reprirent l'info avec avidité. Pauvre homme, pauvre prélat qui avait oublié le message du Nouveau Testament à cause « du sort réservé actuellement aux minorités en France, et en particulier aux Roms ». Ravi de sa posture, le prêtre décida même de restituer sa médaille du Mérite. Les médias tombèrent en catalepsie... de joie ! Des forêts de micros se tendirent sur le passage du nouveau héraut de l'antisarkozysme.

« Incroyable, un brave curé qui souhaite la mort de Sarko !

– Faut-il qu'il soit mauvais, tout de même, ce Nicolas Sarkozy, pour qu'un prêtre de province demande une intervention divine, afin que le Président soit foudroyé séance tenante par un accident cardiovasculaire ! »

Cette gaffe maladroite n'aurait jamais dû excéder une brève ou un écho, si quelques dizaines de rédacteurs en chef conscientisés n'avaient décidé d'en faire une info importante. Il fallait donner du crédit et une stature de révolté au curé médiatique. Les médias titrèrent : « Un prêtre laisse exploser sa colère face aux expulsions de Roms ». Et peu importe que ce serviteur de Dieu anonyme soit en réalité un homme très au fait de la politique, accessoirement sympathisant du MoDem de François Bayrou... Un an plus tard, il fallut remettre ça. La bonne presse s'en retourna interviewer le prêtre tout auréolé de son exploit. Genre : « Un an après les faits, notre rédaction a voulu retourner voir le père Hervet dans sa paroisse lilloise et lui poser la question : "Regrettez-vous vos propos ?" » Présenté comme un humble, un chrétien de la base, un modèle de héros résistant, l'homme expliqua aux journalistes complaisants qu'il ne regrettait en rien « d'avoir poussé un cri d'alarme ». Une sémantique bien indulgente pour celui qui avait publiquement appelé de ses vœux la mort du président de la République. Un de plus. Je risque une question : est-ce que le curé n'a pas déshonoré la fonction sacerdotale ?

Pourquoi Sarko va gagner

Une frange importante des Français a pris l'habitude de vomir Nicolas Sarkozy. Un tic ou plutôt un toc : pas un dîner en ville, pas une salle d'attente de médecin, où le lien entre les protagonistes ne se fasse sur le dos du Président. Oui, Sarkozy produit du lien social à son corps défendant. Jadis, au jardin d'enfants, pour établir le contact on parlait Babycook, Toplexil ou Célestène. Aujourd'hui, on se paie la fiole de Nicolas Sarkozy :

« On ne peut pas dire qu'il montre l'exemple celui-là, hein ?

–Vous avez raison, il s'en fout plein les poches avec sa Carla, et en plus, il est en train de vendre la France aux banques ! »

Celui qui fut élu avec une si large majorité (53,06 %) et une si forte participation (85 %) suscite des réactions qui dépassent le niveau habituel de désamour d'un citoyen pour son dirigeant.

J'ai vu naître ce poujadisme haineux. Un mécanisme tout simple qui a débuté timidement, fin 2007. Quelques déclarations de syndicalistes bravaches, désireux de sortir de l'anonymat. Puis quelques coups de gueule de militants de l'ultra-gauche, qu'une presse pas regardante nous présenta d'emblée comme « la France en colère ». Les médias, toujours prompts à transformer le particulier en général, firent leur miel de ces « cris d'alarme » pas si spontanés que ça, lancés par des militants de

SUD, de la CGT, de la FSU, du DAL, d'Anticor et de tant d'autres collectifs... Au total, quelques centaines de professionnels de la rébellion. En quelques mois, des éditorialistes désœuvrés déployèrent leurs théories sur la fin de l'état de grâce de Sarkozy et le début de la déliquescence française. Chacun y alla de son essai, de son billet, de sa théorie décliniste. Jean-François Kahn ne fut pas le dernier. Reniflant le bon business, il décida d'enfourcher le destrier de l'antisarkozysme. Tous les présidents de la Ve République ont connu, à un moment ou à un autre, l'impopularité et l'hostilité. C'est la fonction qui le veut. « Mais la haine de De Gaulle s'expliquait par des raisons politiques ; le problème de Nicolas Sarkozy, c'est qu'on en veut à sa personne », pointe un ancien conseiller élyséen. « Une haine viscérale, sans mots ni vraies raisons[1] », souligne Bernard-Henri Lévy, un intellectuel pourtant peu suspect de sympathies envers Sarkozy...

On se souvient de cette poupée vaudoue arborant le visage de Nicolas Sarkozy, commercialisée avec ses épingles et un petit mode d'emploi pour le prix de 14,95 euros. En 2009, elle était en tête des ventes sur amazon.fr. Même si l'on peut s'en amuser, l'intéressé, lui, peut légitimement s'en inquiéter. Il y a

---

1. *Le Progrès*, 25 février 2010.

l'outrance acceptable. J'entends par là cette détestation de bon aloi à laquelle *Charlie Hebdo* nous a habitués. C'est l'esprit : « Bal tragique à Colombey, un mort », au lendemain de la disparition du général de Gaulle. En juillet 2010, le bimestriel *Le Monte*, un pastiche du quotidien *Le Monde*, avait publié en une, sous le titre « Nicolas Sarkozy en prison », des photomontages d'actes sexuels entre des hommes et avec une chèvre, reproduisant le visage du chef de l'État. Assigné par ce dernier, le journal avait été condamné par le tribunal de grande instance de Paris à retirer ces photomontages « utilisant sans autorisation l'image [du] visage [de Nicolas Sarkozy], le représentant nu en train de subir un acte sexuel derrière les barreaux d'une cellule de prison, agenouillé en slip dans un cachot [...] et le présentant nu en train d'imposer un acte sexuel à une chèvre ». Rien de bien méchant. Mais il y a le reste, le scabreux, l'inacceptable, quand l'obsession meurtrière se double de désirs de violence et finit par donner des idées aux esprits faibles, aux plus malléables, aux plus influençables.

La violence, c'est aussi ces menaces de mort à l'encontre du Président, des ministres de la Justice et de l'Intérieur, ainsi que de plusieurs députés de l'UMP, en 2009. Des courriers anonymes, auxquels était jointe une cartouche de 9 mm : « Vous croyez disposer de nos vies, eh bien bien non, c'est nous qui disposons de la vôtre et de celles de vos familles et amis. »

La violence, c'est ce père de famille tranquille, arrêté par la section antiterroriste de la brigade criminelle parisienne, après avoir arrosé l'Élysée de mails contenant des menaces de mort : « J'avais un peu la haine, il y a la crise, Sarkozy a augmenté son salaire. Chez nous, il y a du chômage partiel, tout ça quoi... Et puis j'avais pas mal bu », expliquera cet homme, ouvrier chez un sous-traitant automobile de l'Oise.

La violence, c'est cet employé au conservatoire de musique d'Agen. Un citoyen de 32 ans sans problèmes qui, en juin 2011, agrippe sèchement le Président à Brax, près d'Agen. La scène se déroule devant les caméras de France 3. Quelques jours plus tard, l'agresseur expliquera qu'il en avait « ras le bol de Sarko ». Nicolas Sarkozy ne portera pas plainte. Commentaire ironique de Dominique de Villepin, en privé : « Il ne pourra pas se déplacer en papa-mobile, tout de même ! »

La violence, au mois de septembre 2011, c'est l'humoriste Stéphane Guillon, viré de France Inter pour n'avoir pas été drôle – et non pas, comme il le prétend, pour avoir vexé des séides de la sarkozie... Guillon se marie et, devant ses amis people, il rêve de se payer Sarko à bon compte, le jour de la cérémonie. On le comprend, l'antisarkozysme, c'est son fonds de commerce... Avant que le mariage ne débute, Guillon explique à ses invités qu'il n'est pas question pour lui de convoler sous le portrait officiel de Nicolas Sarkozy, présent, comme le veut la tradition, dans toutes les communes de France. Devant son auditoire, Guillon, goguenard, colle donc la tête prédécoupée de François Hollande sur le portrait officiel de Sarkozy. Geste assorti de cette phrase mémorable : « Gagnons six mois, je vous propose 2012 tout de suite ! » Le maire de Ville-d'Avray, où avait lieu la cérémonie, a souri et le mariage a été célébré.

L'opposition et son amie la presse n'ont-elles pas joué avec le feu depuis 2007 ? J'affirme qu'il n'est pas déraisonnable d'établir un lien entre la violence des mots employés par les news (« Sarkozy out ! », « Le Président voyou ») et ces initiatives navrantes. Il ne faut donc pas s'étonner de telles réactions : leurs auteurs se sentent probablement pousser des ailes, adoubés par ces procureurs, émules de Fouquier-Tinville, qui évoquent tous les quatre matins et sans discernement l'existence d'un système sarkozyen, d'un complot sarkozyen, avec mallettes de billets, copains banquiers, juges corrompus, personnes assassinées à Karachi...

L'opinion finira par comprendre qu'un homme ne peut pas, à lui tout seul, cumuler autant de défauts et offrir une personnalité aussi détestable. Elle finira par s'apercevoir que ce qu'on essaie habilement de lui vendre est de l'ordre de la fiction, de la désinformation. Les propos les plus outranciers finissent toujours par se retourner contre ceux qui les profèrent. C'est simplement une question de temps. Les imprécateurs d'aujourd'hui devraient s'en souvenir.

Sarko, l'héritage gaulliste ?

La France cultive avec délectation l'art du contre-temps. À la fin des *eighties*, Américains et Britanniques ont hérité de pays réformés, allégés, efficients, grâce à Ronald Reagan et Margaret Thatcher. Un travail nécessaire. Même le travailliste Tony Blair, en quittant le 10 Downing Street en 2007, après dix années de pouvoir, avait rendu hommage à l'impénitente Dame de Fer : « Il n'y aurait pas eu de blairisme sans thatchérisme. » N'en déplaise à Renaud, Thatcher a fait le boulot !

En France, le travail n'a pas été accompli. Au moment où Reagan et Thatcher s'activaient, les Français faisaient connaissance avec François Mitterrand et le gouvernement socialo-communiste de Pierre Mauroy. Jack Lang inventait la fête de la Musique, le gouvernement annonçait la retraite à 60 ans alors que, déjà, les Allemands allongeaient leur durée de cotisation. Notre pays n'a pas été réformé. Bien au contraire, la République a fait du gras. Elle est désormais lourde, difficile à manœuvrer. Nos super-champions nationaux sont devenus des super-gloutons qui engouffrent goulûment l'argent de nos impôts. Faute de lifting profond, le modèle gaulliste est devenu un handicap. Car si le gaullisme est un lyrisme, une manière de caution romantique pour la droite, c'est aussi un dogme encombrant et lourd à porter.

Comment détricoter en douceur ce « gaullo-communisme », ce compromis colbertiste et son rejeton, le capitalisme d'État, qui glorifiait les grands champions nationaux en situation de monopole économique ? Un « gaullo-libéralisme » est-il possible ? Non, car la perception du libéralisme par l'opinion publique française est désastreuse. La faute à qui ? Alors que le mot « libéral » aux États-Unis signifie « de gauche », il convoque, chez nos compatriotes, des clichés bien connus : la cupidité inextinguible, les traders qui se vautrent dans leurs bonus, la financiarisation, la pauvreté… Pour parfaire le tableau, les marketeurs de gauche ont lifté le vilain vocable. Désormais, on dit « ultra-libéral ». Le parfait punching-ball. Bref, chez nous, l'idée libérale n'a jamais eu la cote : le seul candidat ouvertement libéral de l'histoire de la Ve République, Alain Madelin, n'a réalisé que 3,91 % à l'élection présidentielle de 2002. Et le maire socialiste de Paris, Bertrand Delanoë, se mord encore les doigts d'avoir osé imaginer, en 2008, récupérer ce territoire politique « inventé » par des économistes « de gauche » à la fin de l'ancien régime.

La France a toujours été à contretemps. Au XVIIIe siècle, elle faisait sa Révolution dans le sang, pendant que l'Angleterre accédait au parlementarisme en douceur. Au XXe siècle, elle portait le Front popu sur les fonts baptismaux pendant que l'Europe s'armait contre Hitler. Si, en 1936, la France avait été un peu moins cigale et un peu plus fourmi, si elle s'était vraiment préparée à la grande déflagration mondiale attendue, elle aurait évité le drame du printemps 1940 : ces 100 000 morts et cette défaite que même les généraux de Hitler n'imaginaient pas. Une des premières puissances militaires au monde, la France, balayée en trois semaines par la Wehrmacht. Oui, en ces temps dramatiques, si la France s'était modernisée, si elle avait construit massivement des chars, comme le réclamait un certain colonel de Gaulle, si elle avait songé à autre chose qu'à jouir des fruits de l'été 1936, la percée des panzers de Guderian aurait peut-être été freinée plus tôt, quelque part dans l'est du pays. Mais en 1936, nous dansions, quand les aciéries allemandes augmentaient leurs cadences. Encore le contretemps.

Si Mitterrand et Chirac avaient réformé notre pays dans les années 1980 et 1990, comme l'ont fait les Pays-Bas, la Grande-Bretagne, l'Autriche ou l'Allemagne, nous ne serions pas obligés d'envisager des remèdes de cheval. Hélas, par démagogie, par facilité, par manque de courage, ils ont l'un et l'autre laissé filer le pays sur le chemin de la banqueroute, faisant preuve d'une impéritie et d'une procrastination coupables face aux défis de la globalisation. La France, fille jouisseuse et dépensière, s'est offert les 35 heures, quand elle aurait dû améliorer sa compétitivité, redéfinir le rôle de l'État, prioriser le secteur industriel, réformer la protection sociale, repenser la politique de formation... En conscience, Mitterrand et Chirac ont laissé le sale boulot au Président suivant, Nicolas Sarkozy, qui a réformé deux fois plus que ses prédécesseurs ne l'ont fait en vingt-six ans !

Les principaux animateurs du « Tout-sauf-Sarkozy », reprochent au Président de réduire en poussière les mythes de la nation française, de gouverner la France à l'émotion et de laisser peu de place à la raison, à la vision politique. C'est bien évidemment inepte : Sarkozy a été élu sur le principe même de la réforme du pays. En cinq ans, il n'y a jamais dérogé. Même dans la douleur, il poursuit l'adaptation des fondamentaux du pays à la donne mondiale. Ce qui étonne, c'est que précisément les anti-Sarko soient unilatéralement frappés du mal dont ils accusent le Président : l'hypertrophie émotionnelle. Alors qu'ils devraient juger Nicolas Sarkozy sur un bilan, de façon rationnelle, et si possible objective, ils s'en tiennent à des images faciles, simplistes, infantiles qui, le plus souvent, les discréditent. Les affects sont là, dans la vitrine. Et derrière, on ne trouve aucun argument construit : Sarko est « bling-bling », Sarko est le Président des riches, Sarko détruit la France. La réalité est évidemment tout autre, c'est une somme considérable d'évolutions, de changements profonds, dont on ne se rendra compte que plus tard, dans les années à venir, tant il est périlleux de tracer à chaud les contours d'un bilan.

Il existe un grand nombre de similitudes entre Valéry Giscard d'Estaing et Nicolas Sarkozy. L'un et l'autre ont voulu sortir la France du « compromis de 1945 », de ces préceptes édictés par le Conseil national de la Résistance (CNR) et qui régissent encore aujourd'hui notre société. Considérons la célèbre phrase de Denis Kessler, vice-président du Medef de 1998 à 2002, à propos de Nicolas Sarkozy : « La liste des réformes ? C'est simple, prenez tout ce qui a été mis en place entre 1944 et 1952, sans exception. [...] Il s'agit aujourd'hui de sortir de 1945 et de défaire méthodiquement le programme du Conseil national de la Résistance. »

Sarkozy est très exactement aux antipodes du gaullo-communisme, cette culture dirigiste, étatiste, en mauvaise adéquation avec le monde globalisé. Qu'importe si cette nostalgie, qui fleure bon les

Trente Glorieuses, occupe dans la fantasmatique UMPiste une place matricielle. Sarkozy, lui, au nom du principe de réalité, clame la nécessité de se dégager de ce quiproquo national : « Nous réconcilierons la France, en rompant avec ce que nous faisons, pas avec ce que nous sommes. Et c'est en rompant que nous resterons nous-mêmes[1]. » Un pragmatisme, ou plus simplement un principe de bon sens, qui rappelle le postulat si souvent édicté par Napoléon Ier : « Une nation qui veut maintenir sa prééminence militaire doit modifier ses institutions militaires tous les dix ans. »

Rompre ? C'est aussi s'attaquer à la protection sociale. Un chantier pour le second quinquennat. « La France a choisi la répartition à crédit ! » dénonçait Denis Kessler. La protection sociale française a été inventée dans le cadre du paritarisme, en répartition intégrale, assis sur un financement par cotisations sur les salaires, à une époque où l'économie était fermée, inflationniste, et où l'État contrôlait près de la moitié de la production nationale. Soixante ans plus tard, plus aucune de ces conditions n'existe. Pourtant, ni le paritarisme ni le système de financement n'ont été réformés, et des logiques différentes se sont superposées, comme par exemple la CSG et la CRDS...

---

1. Nicolas Sarkozy, *Libre*, Robert Laffont, 2001.

Sarko, l'héritage gaulliste ?

En attendant, les syndicats ont raison de clamer
que Nicolas Sarkozy déconstruit l'idéologie française
née de l'après-guerre. Oui, il déconstruit la France.
Oui, il détricote l'esprit de la Résistance ! Il s'attaque
au roman national avec un cran qui estomaque.
Mais il a raison, car la posture doctrinale des gar-
diens du temple de la doxa gaulliste va à contresens
de l'évolution du monde. Stéphane Hessel ne s'y est
pas trompé en appelant au sursaut des valeurs de
la Résistance : Sarkozy les piétine. Pardon, mais il
a raison. Ce vieillard très digne, inconnu des Français avant la sortie de son tract intitulé *Indignez-
vous*[1] *!*, peut prendre des postures indignées en nous
exhortant à nous révolter contre le président de la
République, sous les acclamations et les vivats de la
presse. Il peut invoquer le maquis des Glières, les
FTP et le CNR, surfer sur la nostalgie des Trente
Glorieuses en accusant Nicolas Sarkozy de fouler au
pied les ordonnances de 1944 : la Résistance, c'était
formidable au moment de l'occupation allemande et
dans les premières années de la reconstruction.
Après la guerre, c'est devenu nocif et soviétoïde. Ne
pas l'admettre, c'est prolonger le mensonge français,
le quiproquo sur lequel nous voguons dangereusement depuis près de soixante-dix ans et dont nous
voyons aujourd'hui les limites.

---

1. Vendu à plus d'un million d'exemplaires.

Le drame réside moins dans la difficulté qu'éprouve la droite à s'affranchir du modèle étatiste gaullien que dans l'incapacité de la gauche à dépasser le programme de la Résistance. À cet égard, on peut noter que, dans la campagne présidentielle de 2012, toutes les gauches ont tenté de récupérer le prédicateur Hessel. Peu avare de soutiens, le gourou a appelé publiquement à soutenir Nicolas Hulot – éliminé lors des primaires écologistes –, puis Eva Joly, puis Martine Aubry, éliminée elle aussi lors de la primaire socialiste...

« Un jour, vous direz que j'ai réformé autant que Margaret Thatcher », s'était écrié Nicolas Sarkozy devant des journalistes en 2007, au plus fort des grèves d'octobre et novembre. Notamment celle des cheminots, contre, justement, la réforme des régimes spéciaux. Grève qui, au passage, aura coûté quelque 300 millions d'euros à la SNCF, soit 30 % à 40 % de son résultat annuel.

Mais revenons à la statue du Commandeur. Tous ou presque, aujourd'hui, se réclament du Général ou en appellent à son arbitrage posthume : les communistes, les socialistes, les centristes, les nationaux, sans parler évidemment des gaullistes eux-mêmes. Tous sont devenus gaullistes, après avoir poussé le Général vers la sortie en 1969. Je me demande même si les trotskistes ne sont pas, eux aussi, un peu gaullistes... Et Nicolas Sarkozy, l'est-il ? Non, assurément. Le sait-il ? Il a toujours pris ses distances avec cette idéologie partagée par la quasi-totalité de l'échiquier politique français. Gaulliste ? Trop facile. Sarkozy est un subversif. Il aime de Gaulle, il admire l'homme du 18 Juin, mais il se refuse à partager le grand homme avec Bayrou, Marine Le Pen et François Hollande. De Gaulle n'est plus de droite. Il n'est plus un argument différenciant. Il est devenu politiquement ordinaire.

J'aime cette saillie de Tony Blair, l'ancien Premier ministre travailliste britannique : « Certains jugent que Sarkozy affronte des réformes impopulaires et que, pour être réélu, il devra les édulcorer. Je pense précisément le contraire. S'il s'éloigne de ses réformes, il perdra. Il a été élu pour le changement. L'opinion lui pardonnera ou oubliera son prétendu train de vie luxueux et les "scandales" présumés qui, de toute façon, sont grossièrement exagérés. Elle ne lui pardonnera pas d'oublier ce pour quoi elle l'a élu. Non parce que c'est un type bien, mais parce que la France veut retrouver sa grandeur. Ce qui n'arrivera qu'à travers le changement[1]. »

Sarkozy n'est pas gaulliste. C'est un giscardo-bonapartiste. Bonaparte, parce que le Premier Consul est l'administrateur d'un État fort et centralisé et que l'idée d'une puissance publique – débar-

---

1. Tony Blair, *Mémoires*, Albin Michel, 2010.

rassée de ses scories et revigorée dans ses missions régaliennes – est au cœur de la réflexion sarkozyenne. Bonaparte aussi, parce qu'il est, à l'instar de Sarkozy, un « bâtard », un anachronisme, une singularité de l'Histoire inscrite entre deux mondes, deux régimes. Giscard, parce que les deux hommes sont mus par la même « tyrannie réformatrice », le même besoin de corriger la dramatique inflexion française : l'étatisme, ce cancer qui ronge toutes les pensées du XXe siècle : de Blum à Thorez, de Maurras à de Gaulle...

Ainsi, depuis 2007, sûr de son sacerdoce, le Président liposuce le double menton et les poignées d'amour qui alourdissent la silhouette de la République française... Ça n'est pas sans douleur, ni très populaire, ni très gaulliste... Mais Nicolas Sarkozy en est convaincu : « C'est nécessaire ! »

L'obsession du mouvement

Treize mille kilomètres en avion pour une visite officielle de seulement trois heures. Deux visites d'État en 21 heures chrono... Franck Louvrier, directeur de la communication du Président à l'Élysée, a les yeux cernés. En cinq ans, il n'a toujours pas réussi à réunir les cinquante-trois collaborateurs qui composent son équipe. «J'ai toujours un tiers ou une moitié de mon effectif sur les routes ou à l'étranger», regrette-t-il. Pourtant Nicolas Sarkozy, le trop bouillant, le trop remuant, l'agité, a décidé dans les mois qui précèdent les élections de se faire plus discret. Il a mis le holà. Mais il a tenu à maintenir deux voyages officiels par semaine. En France ou à l'étranger. Seulement deux déplacements de la caravane présidentielle par semaine ! Quand Jacques Chirac en faisait trois... par mois. Le mouvement.

Avant Sarkozy, le mouvement, en politique, c'était une formule de godelureau. Un passe-partout de directeur de cabinet pour impressionner dans les dîners en ville. Un truc pour endormir les journalistes. Sarkozy est passé par là. Il travaille beaucoup plus que ses prédécesseurs... et le fait savoir. « La singularité de ce Président, en matière de *faire savoir*, explique Franck Louvrier, réside en un point : en 2007, pour la première fois, les Français ont élu un Président jeune, un "enfant de la télé". Il a vu naître la TNT. Aujourd'hui, il fait face à une pression médiatique permanente. C'est du 24 heures sur 24. En une seule soirée, il s'adresse à plus de Français qu'Aristide Briand dans toute sa carrière politique ! C'est la différence essentielle avec Mitterrand et Chirac. Il est à chaque instant confronté aux radios de *talk* et d'info, aux chaînes d'information continue. Ce qui est certain, c'est qu'aucun de ses successeurs ne pourra plus échapper à cette réalité. On ne reviendra pas en arrière. Il y a seulement vingt ans, François Mitterrand se rendait deux fois par semaine, discrètement, à Saint-Cloud pour jouer au golf. Ces parenthèses dans l'agenda présidentiel seraient impossibles aujourd'hui. »

Pour autant, Nicolas Sarkozy n'est pas un frénétique de la communication institutionnelle. Dès sa prise de fonction à la présidence du conseil général des Hauts-de-Seine, en avril 2004, il réduit de moitié le budget communication du département. « C'est difficile à croire, car l'opinion publique s'est familiarisée avec l'idée que notre pays est dirigé par un

Président virtuose de la communication, obsédé par son image. C'est tout le contraire. En plus de quinze ans, je n'ai jamais regardé avec Nicolas une émission le concernant. Ça ne l'intéresse pas. Il écoute ceux qui ont des critiques à émettre. Mais il ne se regarde jamais. »

La vraie marotte de Nicolas Sarkozy n'est pas la communication. C'est l'action, le mouvement continu. Action-réaction. Une Toussaint grise. Au matin du 1er novembre 2011, Georges Papandréou, le Premier ministre grec, provoque un cataclysme mondial en annonçant qu'il souhaite soumettre le plan de sauvetage européen de la Grèce à un référendum national. C'est un camouflet, une humiliation pour les dix-sept de la zone euro, qui avaient trouvé une solution au drame grec une semaine auparavant. Sarkozy et Merkel œuvraient depuis des mois pour l'annulation partielle de la dette grecque. Ils venaient de quitter Papandréou et n'étaient même pas informés de la décision grecque. Quatorze sommets... pour rien ! En ce jour de Toussaint, le Président Sarkozy appelle Angela Merkel et convoque tous les acteurs français concernés par la crise grecque à l'Élysée. À 19 heures, le jour de l'annonce grecque, le gouvernement a une feuille de route. François Hollande, lui, attendra près de trente-six heures avant de commenter l'événement.

« Sarkozy a conçu son mandat comme un mandat d'action, décrypte Louvrier. Alors il agit. Certains se plaignent en le voyant apparaître sur tant de dossiers. À ceux-là, il répond qu'il a été élu pour ça et pas pour commenter l'actualité. Je pense qu'à un moment ou à un autre, ça paiera. » Le mouvement, les Européens en avaient eu une première approche en juillet 2007, lorsque Nicolas Sarkozy avait décidé au dernier moment de se rendre au sommet Ecofin, où se réunissaient les vingt-sept ministres des Finances de l'Union européenne. Il voulait expliquer la politique budgétaire de la France. Il venait d'entrer en fonction. Un chef d'État qui s'invite à Ecofin, c'était une première dans l'histoire de l'Europe. C'était surtout une véritable pagaille diplomatique. Mais seul le résultat compte. Sarkozy ne s'arrête jamais : « Il lui est arrivé de m'appeler à 3 heures du matin sur un dossier, avoue Franck Louvrier. Le problème, c'est que lui, il se rendort. Moi pas. »

Pour la députée UMP Marie-Christine Dalloz, « les critiques envers Nicolas Sarkozy datent de 2008 ». Qu'importe : cette année-là, au cœur de la crise, il lance la réforme des retraites, amende la gestion des personnels au sein de l'hôpital, casse le monopole de la dépendance en ouvrant ce secteur aux assureurs privés. Fidèle à la formule d'Hervé Algalarrondo, du *Nouvel Observateur*, il refuse d'être un « père la rigueur » et se voit plutôt en « frère la vigueur ». « La rigueur, c'est quand on diminue le salaire des fonctionnaires », dit-il. Alors il invente. Il rêve d'inscrire dans la Constitution la règle d'or qui vise à interdire les déficits budgétaires. Une idée ingénieuse qui pousse la gauche à se contorsionner. Que doit-elle faire ? Applaudir docilement l'idée du Président sur l'air de « C'est pas parce qu'on est dans l'opposition qu'on doit être contre tout ce que fait Sarkozy » ? Sûrement pas. Du coup, les socialistes, sans conviction, se pincent le nez et boudent, alors que leurs homologues espagnols, qui gouvernent à Madrid, se rallient au principe de la règle d'or sans hésiter, le 7 septembre 2011. Finalement, le salutaire passage à gauche du Sénat enterrera définitivement le projet sarkozyen. Le mouvement, parfois, se heurte à l'immobilisme.

Mais l'impéritie des socialistes français a excité le Président. Il tient là un argument de campagne. Il va enfoncer le clou. Le 27 juin 2011, à l'Élysée, il explique que le pouvoir socialiste conduirait à « l'explosion de la dette publique ». À cette époque, les primaires n'ont pas encore patiné le projet socialiste. Sarkozy jubile, car il perçoit que le PS se recroqueville sur le monde d'*avant* la crise. Sa jospino-nostalgie, son conservatisme en font une technostructure opaque et archaïque, submergée par l'époque. À ses yeux, Solférino ressemble à une société occulte.

« C'était l'*Opus Dei*. Le côté facho en moins », s'amuse un conseiller.

En début de quinquennat, les socialistes moquent souvent cette hyperactivité de VRP du Président. Celui que François Hollande considère comme un « Président anormal » volette en tous sens, tel un martinet avant l'orage. Il affole les compteurs de la gauche et enivre ceux qui essaient de le suivre du regard. Il leur a volé le mouvement. « Il y en a qui vont attraper un torticolis à force de me voir rebondir », s'amuse le Président. Rama Yade, Fadela Amara, Rachida Dati : l'Histoire se souviendra que la vraie diversité au sommet de l'État, c'est lui, pas eux, les socialistes.

La Côte-d'Ivoire, la Libye, la Palestine, le mouvement sur la scène internationale, ce n'est ni Zapatero ni Angela Merkel, c'est encore lui. Certes, on raille son volontarisme obsessionnel de matamore. Mais quand on l'accuse d'être un omni-Président envahissant, il demande à Fillon d'endosser la paternité du plan d'austérité de la rentrée 2011 et le regarde à la télévision le présenter aux Français : « Il est bon ce soir. » Les politiques partent en congé au mois d'août de cette même année. Lui a fait une croix sur les vacances. Il reste à Paris et s'en amuse : « Je ne suis pas rentré, puisque je ne suis pas sorti. »

Le mouvement, c'est demeurer imprévisible. À propos des retraites, on s'attend à ce qu'il cède à la rue. Selon les députés de l'aile droite de l'UMP, ceux qui formeront demain la Droite populaire, il a toujours trop concédé. Mais cette fois, son opiniâtreté heurte certains de ses contempteurs. On l'accuse même de piétiner la tradition républicaine : « La réforme des retraites pilotée par l'Élysée avec le seul sceau de la majorité parlementaire est une façon de procéder qui marque une rupture historique avec les pratiques de la démocratie sociale en France », écrit l'universitaire antisarkozyste Pierre Rosanvallon.

Depuis le début du quinquennat, le Président rêvait de supprimer « les petits pois », ces juges d'instruction souvent rebelles, solitaires, ces « justiciers au petit pied ». L'idée aurait pu séduire l'opinion, surtout après le scandale judiciaire d'Outreau. Mais les syndicats de magistrats, très politisés, l'attendent au coin de la rue. Sarkozy sait qu'ils vont mobiliser la presse, l'opinion, la France entière. La réforme sera longue à mener. Alors il remise son projet : « On verra après 2012. » Le mouvement, c'est aussi cela : l'évitement, le refus d'obstacle. Pas de combat inutile. Nous sommes en France, et chez nous, sur le champ de bataille, la terre est grasse et lourde. Les engagements sont plus épuisants qu'ailleurs. Il faut absolument éviter l'enlisement fatal, le bourbier.

En attendant, note Serge Raffy, du *Nouvel Observateur*, « depuis, il s'en mord les doigts. Il aurait dû suivre son intuition et ne pas écouter ses conseillers. Ces satanés juges d'instruction, promis à la casse, sont plus vivants que jamais et sont devenus son pire cauchemar. Ils le cernent, l'encerclent, à travers une série d'affaires qui n'en finissent pas de gonfler et qui pourraient l'atteindre[1] ».

Bruno Le Maire, ministre de l'Agriculture et chargé du projet UMP pour 2012, décrypte : « Pendant la crise, Sarkozy se refuse à pratiquer la politique de la table rase. Bien au contraire, il fait un pas. Il s'arrête. Il observe. Puis il fait un nouveau pas, s'arrête à nouveau, observe. Et ainsi de suite[2]. » Pour déjouer les conservatismes, la mauvaise foi des syndicats, l'apathie générale, les réflexes corporatistes, les intérêts particuliers, les contre-attaques des lobbies, les contre-feux des partis d'opposition, la cécité des Français, le parti pris de la presse, la colère spontanée des étudiants, la rancœur de la rue, les dissensions dans son propre camp, Nicolas Sarkozy n'a d'autre choix que d'utiliser la ruse. Le changement de rythme. L'alternance dans les méthodes. Impossible de comprendre Sarkozy si on n'a pas

---

1. Le 22 septembre 2011.
2. Entretien avec l'auteur, le 6 novembre 2011.

intégré cette image : Sarkozy, c'est Bertrand Du Guesclin luttant, ville après ville, pour reconquérir les places fortes occupées par les Anglais pendant la guerre de Cent Ans. La France de Du Guesclin est morcelée, divisée. Les intérêts et les privilèges ont pris le pas sur l'intérêt national. Alors, le futur connétable de France, avec des petits groupes d'hommes fidèles, va multiplier les ruses et alterner les tactiques militaires pour s'emparer des forteresses tenues par les garnisons anglaises. Il n'a pas le choix. Ils sont tellement mieux armés et préparés aux assauts.

Durant cinq ans, à l'instar de Du Guesclin, Sarkozy a dû combattre des troupes hostiles à l'intérieur du territoire national : les ennemis du changement. Et pour rester dans l'analogie militaire, Sarkozy ne doit son salut qu'à la large palette de tactiques qu'il a déployée.

Souvenez-vous du coup de bélier sur les retraites. Là, le commando est passé en force sous les carreaux des archers anglais. Sarkozy avait prévenu : pas de marche arrière. Certes, il y a eu des blessés et des morts, au pied des échauguettes ennemies. Mais le donjon est tombé après des mois d'assaut.

Pour la réforme des universités, des espions à la solde du chevalier Sarkozy sont entrés dans les places fortes, se faisant passer pour des amis. Ils ont multiplié les mesures techniques pour modifier le mode de gouvernance desdites places fortes. Ils ont pris leur temps, amadoué l'ennemi. Grâce à la ruse, l'assaillant est parvenu, là encore, à reprendre la forteresse.

Pour les régimes spéciaux des retraites, inutile d'employer la force. Du Guesclin-Sarkozy a envoyé ses meilleurs ambassadeurs. Des négociateurs hors pair. Le grand argentier du royaume a même distribué quelques louis d'or aux plus récalcitrants.

Pour la réintégration de l'Otan, il a missionné ses meilleurs troubadours. Remplis de délicatesse, les arquebusiers du Président ont fait boire à l'ennemi des philtres aux pouvoirs magiques, et leur ont raconté des histoires à dormir debout : « En réalité, il est faux de dire que nous réintégrons l'Otan. Nous ne l'avions jamais vraiment quittée. C'était une erreur de le croire. Cela n'est qu'un réajustement. Nous demeurons dans la continuité gaulliste... » Ils ont cru ceux qui les enivraient de paroles. La même tactique a été utilisée pour le travail dominical.

Et la Libye ? Pour éviter le bain de sang promis par Kadhafi et son fils Saïf al-Islam[1] aux révoltés de Benghazi, Du Guesclin-Sarkozy est allé chercher le concours des plus puissantes armées d'Europe. À la tête de la coalition, le Président, humilié par ce chef de guerre qu'il avait tenté, trois ans plus tôt, de

---

1. En langue arabe : « le glaive de l'Islam. »

ramener dans le concert des nations civilisées, a lui-même mené le combat.

Bien des fois, les hommes de Du Guesclin-Sarkozy ont laissé croire à l'ennemi qu'ils capitulaient. Revenir sur les contraintes environnementales imposées aux agriculteurs par le Grenelle de l'environnement, différer l'application de l'éco-redevance poids lourds ou remonter le taux de la TVA réduite à 7 % ne sont en fait que des reculades de circonstance... Que la France aille mieux, et Sarkozy reviendra dessus.

Voilà. Assiégez ces forteresses en utilisant à chaque combat la même tactique militaire et vous perdrez les batailles. On peut trouver déplacé d'utiliser ce langage digne de l'École de guerre, et cynique de parler de tactique pour tromper des Français simplement hostiles à la réforme. D'autant que François Hollande, lui, fonde son projet sur le rassemblement et la réconciliation des Français... Mais pas d'angélisme : Nicolas Sarkozy a été élu en 2007 pour réformer la France. Ménager la surprise était sa seule issue face au front commun des conservatismes et des privilèges, qui ne souhaitait qu'une chose : que la France restât en l'état ! Parfois, Bertrand Du Guesclin renonce. Alors les Anglais s'esclaffent du haut de leurs remparts, et le regardent rebrousser chemin, penaud, avec ses soldats.

Erreur : **Du Guesclin** reviendra plus tard. Quand on ne l'attendra pas.

Réformer, ce n'est pas décider. Réformer, c'est réussir à trouver une voie dans un labyrinthe d'intérêts divergents et hostiles. C'est « décalfeutrer » une France confite dans des certitudes héritées des Trente Glorieuses. C'est faire comprendre à 65 millions d'individus qu'ils vivent à l'air libre dans un monde de compétition, où les crises et les guerres se succèdent, et qu'ils ne seront plus jamais immergés dans le liquide amniotique d'un État maternel et rassurant. Dans ce contexte, l'équation est simple : si Sarkozy agit, il est un hyper-Président qui martyrise la société française, la tord, ose s'attaquer aux fondamentaux de la France d'après-guerre. S'il n'agit pas, il est un apathique, un Chirac bis, un impuissant. Tel un escrimeur qui donne l'assaut, avance, se fend, touche, recule, pare ; Sarkozy survit grâce à sa mobilité. Le mouvement, c'est aussi l'adaptation aux crises. Cette succession de cataclysmes financiers qui rebat les cartes. Les deux plans de rigueur de 2011 ne constituent pas un renoncement aux réformes. Ils participent de la chorégraphie sarkozyenne. Le mouvement, toujours... La loi Tepa, le « paquet fiscal », première loi du quinquennat, adoptée dès le 21 août 2007, était un marqueur du sarkozysme. Quatre ans plus tard, la voilà largement vidée de sa substance. Le bouclier fiscal qui s'était attiré les foudres de la gauche a disparu lui aussi au profit d'une réforme de l'impôt sur la fortune. Le Président a également fermé le ban pour le crédit d'impôt sur les intérêts immobiliers et pour une partie importante des exonérations de cotisations sociales sur les heures supplémentaires. La conjoncture se joue des prévisionnistes. Et sous le poids des événements, Sarkozy, qu'on présente comme un inflexible idéologue de droite, ploie. Le dogme libéral est relégué dans l'arrière-boutique. On le ressortira plus tard, après l'orage. En attendant, il faut être centimier. La crise prospère et le barycentre de la tangente Sarkozy doit se repositionner sans cesse. Le GPS recalcule son itinéraire en fonction des nouveaux paramètres. Le mouvement...

À la rentrée 2011, ce sont les niches fiscales inutiles, inopérantes, inefficientes qu'il condamne. Les Français râlent, les ministres ronchonnent : 1,7 million d'emplois sont menacés par la suppression des exonérations. La gauche moque ce Sarkozy qui rétropédale. « Le Président des riches » finit même par faire payer aux riches une taxe exceptionnelle de 3 % pour répondre à la crise, et de 4 % pour les très riches. Il était déjà revenu sur l'ouverture en novembre 2010, en sortant les ministres Bernard Kouchner ou Fadela Amara, il avait également enterré le débat sur l'identité nationale. Mais attention, seuls quelques gogos naïfs croient à une mue profonde. Seuls quelques sots voient en Sarkozy un opportuniste, une sorte de super-consultant doué de bon sens, qui se contenterait de réparer les pannes de la société française, l'une après l'autre, comme elles viennent. Sarkozy II n'a pas renié Sarkozy I. Le Président consultant n'est devenu un Président protecteur que pour parer la crise. Il a provisoirement décalé son centre de gravité. Comme un champion de capoeira, il vole autour de son adversaire. Il parade, varie sa danse pour faire oublier quelques instants ses passes d'hier. Il doit être imprévisible. Le temps d'une élection, il chante un refrain que nous voulons différent. Car Sarkozy est bien le Thatcher français. L'homme est habité. Il est hanté par la réforme de la société française. Il en sait l'urgence. Et si la parade amoureuse prend un peu plus de temps, si elle emprunte parfois des chemins détournés, c'est sans doute parce que les Français ne sont pas les Anglais. *God save the President !*

Libre : 332 pages publiées en janvier 2001 et signées Nicolas Sarkozy. Que ceux qui doutent de la constance de Sarkozy et de l'existence d'un projet politique cohérent et global qui guide son engagement aillent jeter (ou rejeter) un coup d'œil à ce livre écrit après les élections européennes de 1999. Sarkozy avait succédé à Philippe Séguin pour conduire la liste RPR. Il avait réalisé un mauvais score : 12,8 %. Il avait notamment été distancé par la liste Pasqua-Villiers. Donc, ceux qui liront (ou reliront) *Libre* découvriront les fondamentaux politiques de l'homme d'État Sarkozy. Douze ans après, ils n'ont pas changé. Nombre des principes qu'il édicte dans cette profession de foi sont d'ailleurs devenus une réalité dans la société française.

Après Nicolas Sarkozy, la mission du président de la République ne sera plus jamais la même. La magistrature suprême ne se vivra plus comme une fonction de superviseur en chef. On se souvient de l'engagement opiniâtre du chef de l'État, fin 2011, portant l'Europe moribonde à bout de bras, bataillant pied à pied, à Francfort et ailleurs, dans des rencontres-marathon avec Angela Merkel... Désormais, le Président agira et s'adaptera aux crises. Cette évolution est importante, car dans notre pays colbertiste et jacobin, le directeur régional d'une administration dispose d'un pouvoir beaucoup plus important qu'un député ou qu'un sénateur ! Sa capacité à soutenir ou à freiner la réforme est un paramètre majeur dans le succès ou l'insuccès d'une mesure. Et Sarkozy, justement, a su se frayer un chemin entre les réticences et les conservatismes des directions centrales des administrations, entre l'écheveau complexe des directives européennes et l'archaïsme des représentants du corps social. Il est passé à travers tout cela. Bien sûr, ça a été laborieux. Mais à qui la faute ?

Sarko a tué l'école !

Une banderole aperçue au journal de 20 heures. Un commentaire de reportage militant qui prend fait et cause pour des profs grévistes... Ces surenchères automnales sont bien connues des Français. C'est la petite ritournelle de la rentrée. Un refrain dévastateur pour Sarkozy, entendu par des millions de Français, qui finissent par y croire.

Qui dénoncera enfin la connivence des journalistes avec les « experts du PS », avec les « spécialistes des questions d'enseignement du PS », leur complicité avec les parents d'élèves de la FCPE (préférés à ceux de la PEEP), leur attitude peu regardante avec les délégués de la FSU, leur bienveillance avec ceux du SNUipp et de l'UNSA, leur indulgence pleine de compréhension avec les profs du SNES[1] ?

1. FCPE : Fédération des conseils de parents d'élèves ; PEEP : Parents d'élèves de l'enseignement public ; FSU : Fédération syndicale unitaire ; SNUipp : Syndicat national

« On manque d'enseignants, certains cours ne sont pas assurés... »

« C'est un scandale ! Je ne peux pas faire classe dans ces conditions ! »

Chaque année, vers le 2 septembre, c'est le début du grand lamento. La presse nous abreuve de reportages soigneusement persillés de déclarations catastrophistes : les classes sont surchargées, on manque de moyens, d'enseignants... Les parents d'élèves de la FCPE se roulent par terre, les représentants du corps professoral rappellent le gouvernement à l'ordre. Privez-moi une seule fois de cette grande jérémiade nationale et je m'engage à émigrer au Québec !

L'Éducation nationale : 1,1 million de fonctionnaires. Le premier employeur au monde depuis la dissolution de l'Armée rouge. Pas assez d'enseignants pour François Hollande qui propose, dans la campagne des primairescitoyennes.fr, d'embaucher 60 000 nouveaux fonctionnaires en cinq ans, pour un budget de 3 ou 4 ou 5 milliards supplémentaires, selon l'endroit où vous vous situez sur l'échiquier... 16 000 postes d'enseignants ont été supprimés en 2011. 16 000 autres seront suppri-

---

unitaire des instituteurs, professeurs des écoles et PEGC ; UNSA : Union nationale des syndicats autonomes ; SNES : Syndicat national de l'enseignement supérieur.

més par le gouvernement de François Fillon en 2012.

« Non, 100 000 suppressions d'emplois, si on ajoute les personnels non-enseignants, assène Ségolène Royal : Nicolas Sarkozy a réalisé le plus vaste plan social qui ait jamais été décidé ! »

Derrière le folklore, il y a un boniment cent fois, mille fois martelé, à des millions de Français. Avec un chantage à peine dissimulé : désigner Nicolas Sarkozy, le dénoncer à l'opinion publique comme le responsable d'une situation qui serait catastrophique, afin de dissuader le gouvernement de s'attaquer aux privilèges ahurissants de ce ministère. Un gros mensonge qui mérite bien une petite autopsie.

Les syndicats d'enseignants sont très habiles. Grâce à une pression continuelle exercée sur l'opinion publique, ils ont durablement installé l'idée que les problèmes n'étaient dus qu'à un manque de moyens ! Et par peur du mammouth, ce Goliath qui triomphe de tous les ministres, de toutes les ardeurs réformatrices, de tous les gouvernements et de tous les Présidents, par peur du mammouth donc, les ministres successifs ont accordé un privilège ahurissant aux profs : des budgets en constante augmentation pour un nombre d'élèves en constante diminution. Le contribuable français est le seul de l'Union européenne à avoir augmenté sa contribution à l'enseignement en 2011 : une performance inégalée, un luxe rare, qui n'incite pas pour autant les enseignants à la gratitude.

« Mon fils n'a même pas de prof d'anglais ! »

« Ce que fait Sarkozy est irresponsable ! »

« Et pour les enfants qui ont des difficultés, la rentrée sera pire. »

Au début, j'étais comme tous les parents, crédule. Ces déclarations outragées me glaçaient le sang. Et puis, faisant le constat que mes filles, toutes deux scolarisées dans le public et dans une zone urbaine dense, se trouvaient chaque année dans des classes de moins de 25 élèves, j'ai décidé de consulter les vrais chiffres de la rentrée scolaire. Des données publiées par le ministère et reconnues par tous les acteurs de l'éducation, y compris les syndicats. En 2011, 2 100 classes comptaient moins de 15 élèves, plus de 10 000 classes en avaient moins de 19, et la moyenne nationale se situait à 23,5 élèves par classe ! Acceptable. Mais le véritable ratio enseignants/élèves, le voici : au total, l'Éducation nationale emploie 852 915[1] professeurs pour 12 millions d'élèves. Soit 1 enseignant pour 14 élèves...

Si l'école va mal, ce n'est donc pas à cause d'un

---

1. Source : Éducation nationale, *L'État de l'École*, n° 20, novembre 2010.

manque de moyens. Et encore moins à cause d'un manque d'enseignants. En trente ans, le budget de l'Éducation nationale a connu plus de 85 % d'augmentation, alors que nos établissements accueillent 600 000 élèves de moins. Reformulons : l'Éducation nationale, depuis qu'elle existe, n'a jamais eu autant de moyens qu'en 2011. Les statistiques sont unanimes : le premier budget de l'économie française a augmenté de 60 milliards d'euros par rapport à 1980, en euros constants. Hélas, 94 % de ces montants sont des dépenses de personnel. Comment ne pas rapprocher ce chiffre d'une autre statistique : les enseignants français sont, dans l'UE, ceux qui passent le moins de temps à enseigner. Il apparaît que l'Éducation nationale emploie aujourd'hui 126 915 fonctionnaires non-enseignants (personnel administratif), n'ayant jamais été au contact des élèves. Certes, le fonctionnement du ministère impose le recours à des personnels non-enseignants, mais ce chiffre est colossal. Il est supérieur de 30 % au nombre de salariés de Renault. Il équivaut peu ou prou à celui d'EDF, le premier énergéticien du monde ! Et ce chiffre ne tient pas compte des personnels techniques, chargés de l'entretien des bâtiments, ni des 68 000 assistants d'éducation, chargés de la surveillance des élèves.

 je automne, les journalistes – qui s'empressent de tendre leurs micros aux parents d'élèves en colère et aux représentants des enseignants – oublient de s'attarder sur « d'autres » vraies raisons qui grippent le système : la gestion catastrophique des effectifs, des emplois du temps, des options ; les milliers d'enseignants bénéficiant de décharges de l'Éducation nationale pour faire du syndicalisme et non pas assurer les cours pour lesquels ils sont rétribués...

Lors du troisième débat télévisé des primaires socialistes, diffusé sur BFM TV le 5 octobre 2011, les six candidats ont souhaité évoquer « le démantèlement » de l'école par Nicolas Sarkozy. Aucun n'avait de mots assez durs pour qualifier l'état de délabrement de l'école et la politique désastreuse de la droite en matière d'enseignement... L'argument du manque de moyens, avancé par les syndicats pour justifier les traditionnelles grèves de rentrée scolaire, est bien entendu un alibi peaufiné par les leaders syndicaux enseignants pour dissimuler leur propre échec. Sans parler de la faillite des approches pédagogiques calamiteuses. Des expériences menées depuis des décennies sur nos enfants cobayes... Car si le malaise de l'école n'est pas lié au manque de moyens, il semble, en revanche, devoir beaucoup aux programmes, aux méthodes et autres innovations pédagogiques farfelues dont nous gratifient depuis tant d'années d'ingénieux apprentis sorciers : les néopédagogues. Leurs besaces débordent d'idées. À titre d'exemple, pour cette dernière rentrée scolaire, ils ont décidé de supprimer littéralement des programmes du collège : Louis XI, François Ier, Napoléon Ier, Louis XIV, Richelieu et Mazarin... pour les remplacer par l'étude de civilisations subsahariennes du Moyen Âge : les empires africains du Songhaï et du Monomotapa.

Régulièrement, le contrôle des connaissances démontre la baisse du niveau des élèves sous l'action pernicieuse des gourous de la rue de Grenelle. L'association SOS Éducation relate qu'une dictée du certificat d'études primaires de 1975 a été donnée récemment à des bacheliers. 50 % d'entre eux ont obtenu zéro, ou une note négative. L'expérience avait été menée par un groupe de professeurs de lettres qui souhaitaient attirer l'attention des pouvoirs publics sur l'effondrement du niveau des enseignements. Chaque année, depuis le début de la décennie 1990, les correcteurs du baccalauréat reçoivent des consignes pour relever les notes des élèves. Seul moyen imaginé pour maintenir le niveau de réussite au bac, diplôme désormais totalement démonétisé sur le marché du travail.

Un rapport international de 2005 démontre que les Français ont atteint la baisse de niveau la plus importante du monde pour les doctorats en « sciences et ingénierie ». Les chiffres indiquent en tout état de cause que, depuis 1995, les écoles françaises connaissent une régression continue. Tous les lieux d'enseignement sont touchés : les zones rurales et semi-rurales, les zones urbaines, les centres-villes comme les banlieues, le XVIe arrondissement de Paris comme la Seine-Saint-Denis. 30 % des élèves, après dix-huit années de scolarité, éprouvent toujours des difficultés à lire, selon des tests récents réalisés à l'occasion de la Journée d'appel de préparation à la défense (Japd). Cela signifie qu'à l'issue de deux décennies, l'Éducation nationale n'a pas réussi à apprendre à lire à un tiers de jeunes Français. Chaque année, 240 000 d'entre eux arrivant à l'âge adulte sont à peine capables de déchiffrer les enseignes des commerçants et les panneaux de signalisation !

Le classement 2011 des meilleures universités du monde – un palmarès de référence réalisé par l'université de Shanghai – a placé la première université française (Paris-Sud-XI) en quarantième position ! Les précédentes sont américaines, anglaises, canadiennes, japonaises, suisses…

Cette petite anatomie d'un crime journalistique pourrait continuer durant des pages. À croire que Nicolas Sarkozy, son gouvernement et son ministre

Sarko a tué l'école !

de l'Éducation nationale sont les seuls responsables de la faillite de notre système scolaire depuis 1986 et les fameuses manifestations contre la loi Devaquet !

« *Le Juif Sarkozy* »

« On n'est pas du même bord, mais pour Israël on est du même bord. [...] Je suis ravi que, pour la première fois, la France ait élu au suffrage universel direct – ce sera mon bonheur dans mon malheur –, ait élu un Juif président de la République. On avait eu Léon Blum et Mendès France, Premier ministre, mais on n'avait jamais eu un Juif élu au suffrage universel. C'est un beau succès. Et en plus avec Kouchner, ministre des Affaires étrangères. Qu'est-ce que vous voulez de plus ? Alors, je vais dire à mon ami Kouchner : "Et quand c'est que tu reconnais Jérusalem, capitale d'Israël ?" »

Qui parle ainsi ? L'ancien député socialiste de l'Hérault, Georges Frêche, alors président du conseil régional du Languedoc-Roussillon. Il s'exprimait à Montpellier, le 24 juin 2007, à l'occasion de la « Journée de Jérusalem », dans le cadre du jumelage entre sa ville et la localité israélienne de Tibériade. L'homme, un passionné d'Israël, avait déjà, par le passé, comparé Montpellier à « un poste avancé de Tsahal », selon le quotidien *Midi libre*.

Le hic, c'est qu'en convertissant Nicolas Sarkozy au judaïsme contre son gré, il se retrouve dans le même camp que... Jean-Marie Le Pen. Pendant sa dernière campagne présidentielle, le patron du FN avait plusieurs fois dénoncé « le Juif Sarkozy ». Une apostrophe de la dernière chance destinée à empêcher son électorat de migrer. Le leader du FN avait aussi évoqué « la trop récente appartenance à la nation française de Nicolas Sarkozy ».

Il s'appelle Benedict Mallah. C'est l'homme par lequel le judaïsme est entré à l'Élysée. Et il l'ignore, puisqu'il est mort depuis longtemps. M. Mallah était le grand-père maternel de Nicolas Sarkozy. Le père de Dadu. Cet immigré arrivé en France en 1919, devenu médecin, était un Juif sépharade, né à Salonique, sur les rives de la mer Égée. Nicolas Sarkozy, son petit-fils, a donc du sang juif. Aucun Français ne l'ignore. Certains s'en moquent, comme moi. D'autres trouvent que ce singulier mélange est un résumé sympathique de notre pays. D'autres y voient une explication, comme Henri Pac : « Cette impuissance à fixer son autorité à l'Élysée, dont il s'éloigne fréquemment pour voyager à l'étranger, est la manifestation du vagabondage de l'âme [...]. Il est clair que par ce vagabondage, Nicolas Sarkozy réalise le complexe du Juif errant[1]. » D'autres enfin, je l'affirme, vont puiser dans ce bon vieux fond de sauce les raisons conscientes ou inconscientes de leur détestation du personnage. Je ne suis pas parano, et je n'ai jamais cru que la France était par nature un pays antisémite. Personne ne peut donner de leçons d'intégration au peuple de France. Notre République est la première terre de migration africaine d'Europe, le premier pays noir d'Europe, le premier pays de migration arabe d'Europe et... le premier pays juif d'Europe. Par le passé, la France a été le premier pays européen de migrations portugaise, italienne, espagnole, polonaise. Bref, inutile de théoriser sur le vieux substrat antisémite des Français. C'est une rengaine avariée et nauséabonde.

C'est du moins ce que je croyais... Car il y a deux formes d'antisémitisme. Celui de la droite traditionnelle française. L'affaire Dreyfus en fut l'illustration. Un antisémitisme jadis consubstantiel aux partis conservateurs français et à propos duquel Georges Bernanos avait dit : « Hitler a déshonoré l'antisémitisme. » Oui, cet antisémitisme-là est devenu rare. Mais il demeure un avatar moderne et « plus présentable » de l'antisémitisme : l'antisionisme de l'ultra-gauche. Cet antisémitisme « cool et à visage humain », cet antisémitisme qui cache son

---

1. Henri Pac, *Le Cas Sarkozy, un président pour rire*, *op. cit.*

nom, véhicule en fait les grands standards de l'idéo-logie d'avant-guerre : le Juif affairiste, le Juif inter-nationaliste, le Juif américanophile, l'entraide confessionnelle qui prévaut sur les réalités natio-nales, le Juif qui soigne en premier lieu ses intérêts avant ceux de l'État...

Il est d'ailleurs intéressant d'observer que, depuis deux ans, est apparu sur Google un phé-nomène nouveau. Lorsqu'un internaute lance une recherche sur un homme politique français, bien souvent, le premier adjectif associé proposé par le moteur de recherche est... « juif ». Phénomène curieux qui témoigne du fait que la judéité d'un élu de gauche ou de droite est le premier critère d'appréciation pour un nombre important d'utili-sateurs de Google, et donc pour une part non négli-geable de Français.

Dès la fin de l'état de grâce, la presse s'est achar-née à présenter un Sarkozy « poï, poï, poï ». Un Sarkozy « sur la vie de ma mère ». Un Sarkozy qui suinte l'huile d'olive, les pistaches, les chaînes en or et les Ray-Ban les plus ringardes. Un Sarkozy urbain et cosmopolite, tout droit sorti de *La Vérité si je mens ! 3*, parlant comme dans le Sentier, et préférant la compagnie de Dassault (un Juif !), Lagardère, Bouygues ou Bolloré, à celle des « vrais » Français qui souffrent hors de la région parisienne. Lors d'un voyage dans la Creuse, en octobre 2011, en pleine

campagne des primaires, Martine Aubry avait iro-
nisé : « Il adore la ruralité. Il a dû d'ailleurs rencontrer beaucoup d'agriculteurs à Neuilly. »

Nicolas Sarkozy lui-même a été l'un des premiers
à soumettre l'idée qu'il pouvait y avoir une forme
d'antisémitisme dans l'acharnement dont il était
l'objet, dans les allusions à son physique. Dans sa
sphère privée, dès 2008, il se référait volontiers aux
précédents de Léon Blum et de Georges Mandel[1],
estimant par exemple que la couverture du *Nouvel
Observateur* daté du 2 septembre 2011, sur « Les
riches, le pouvoir et la droite », présentant un portrait du chef de l'État héliogravé sur un billet de
500 euros, relevait de cette même inspiration antisémite, consciente ou non : « *Gringoire* aussi m'aurait
mis ainsi », avait commenté le Président. L'historien
Max Gallo a plusieurs fois comparé Nicolas Sarkozy

---

1. Nicolas Sarkozy a publié en 1994 une biographie de
Georges Mandel : *Georges Mandel, moine de la politique* (Grasset). Cet ouvrage a d'ailleurs été adapté à la télévision avec
Jacques Villeret dans le rôle, sous le titre *Le Dernier Été*
(1997). Georges Mandel, de son vrai nom Louis Georges
Rothschild, est né en 1885 à Chatou. Juif, d'ascendance
modeste, il est sans parenté avec la famille de banquiers du
même nom. Assassiné le 7 juillet 1944 en forêt de Fontaine-
bleau par la Milice française, Mandel fut un acteur majeur
de la vie politique de l'entre-deux-guerres et un actif résistant
français.

à de Gaulle, en butte à la haine de l'OAS, ou à Léon Blum. L'idée d'un Nicolas Sarkozy – nabot crépu, opportuniste bushiste, financé par ses « amis » richissimes pour faire le bien de sa caste sur le dos du pays réel, des Français honnêtes et travailleurs – s'est répandue perfidement quand le chef de l'État était au plus bas dans les sondages. Il dira : « Je redoutais d'être autant attaqué, mais là, le niveau de haine me met mal à l'aise. »

Quand Martine Aubry effectue, en mai 2010, une comparaison entre le président de la République et l'escroc Bernard Madoff, l'homme d'affaires véreux arrêté par le FBI en décembre 2008, s'agit-il d'une escarmouche de bon aloi ou d'un coup bas indigne ? Je pencherai pour le second scénario. Il y a du Stavisky chez Madoff : le Juif immoral, trahissant ses clients, ses amis, sa famille. *Le Juif Süss* version New York City, bardé de bijoux en or de mauvais goût, ami des puissants, affameur sans scrupules, avide d'argent... Même Franck Louvrier, le directeur de la communication de l'Élysée, est d'accord sur l'analyse : « Il ne faut pas se voiler la face. Quand on dit de Nicolas Sarkozy qu'il est proche des riches, pro-Américain, et qu'on le compare à Madoff, cela réveille chez certains des relents d'antisémitisme. »

Quand Dominique de Villepin affirme que « Sarkozy est un des problèmes de la France », on est dans l'acceptable. Mais lorsqu'il compare, dans une tribune du *Monde*, l'action du Président à « une tache sur notre drapeau[1] », ne sommes-nous pas précisément dans une forme de rhétorique politique qui rappelle celle des parlementaires monarchistes et souvent antidreyfusards, lors des grandes prises de bec à l'Assemblée nationale avant la Première Guerre mondiale et entre les deux guerres ?

« Qu'il est dur d'être juif. Surtout quand on ne l'est pas », écrivait dans *Un juif impossible*[2] le romancier Jean-Moïse Braitberg, lui-même fils d'une mère protestante du Sud-Ouest et d'un père immigré juif polonais... Si Le Pen et Frêche semblent privilégier une approche « racialiste » du judaïsme, considérant juive toute personne ayant un ancêtre juif, Nicolas Sarkozy, « le bâtard de la République », ne se définit pas comme un être transculturel, héritier de métissages religieux. Il n'est pas ce que la vie a fait de lui. Il est catholique. Presque par choix. Il est acteur de son destin, comme avant lui l'avait été son grand-père Benedict.

Pour en finir avec la question de l'appartenance religieuse, ce Sarkozy-là n'a pas laissé s'exprimer sa supposée judéité en défendant, le 22 septembre 2011, à la tribune des Nations unies, la création d'un État palestinien. Ce jour-là, le président de la Répu-

---

1. 23 août 2010.
2. Fayard, 2009.

blique avait invité les Israéliens à la retenue, les exhortant à ne pas rester immobiles « alors que le vent de la liberté et de la démocratie souffle dans votre région ».

70,55 % de promesses tenues !

Je reçois souvent sur RMC Jean-Thomas Lesueur, le délégué général de l'Institut Thomas-More, un club libéral, qui agrège de brillants économistes surdiplômés à Paris et à Bruxelles. La question du libéralisme du chef de l'État est celle qui agace le plus Lesueur... Pour lui, c'est clair : Nicolas Sarkozy, c'est l'économie dirigée.

« Sarko, libéral ? Bof... C'est vrai qu'il a initié la fameuse révision générale des politiques publiques, la RGPP, qui aboutit au non-renouvellement d'un poste de fonctionnaire partant à la retraite sur deux. Mais ça ne suffit pas. Les remèdes anti-crises qu'il a prescrits à la France sont trop light. Sarko n'est pas Thatcher. On le voit bien : il est le père du grand emprunt, une mesure contestée par la droite et qui creuse dangereusement le déficit de la France De ce point de vue, il est étatiste, interventionniste. C'est sans doute son côté bonapartiste... »

L'institut Thomas-More diffuse auprès des décideurs politiques et des médias internationaux des notes, des rapports, des recommandations et des études réalisés par ses spécialistes maison. C'est à la fois un *think tank*, un laboratoire d'idées et de solutions innovantes, un centre de recherches et un relais d'influence.

Dès l'arrivée de Nicolas Sarkozy au pouvoir, ces économistes ont placé le président de la République française et son gouvernement sous surveillance. Leur objectif ? Suivre au jour le jour les promesses annoncées : le rythme des réformes ralentit-il ou croît-il ? La cohérence de l'action faiblit-elle, se renforce-t-elle ? Le « stock » de réformes sera-t-il bientôt épuisé ? Qu'en est-il du dialogue social ? De la création d'entreprises ? Des mesures engagées dans le domaine des finances publiques, de la politique familiale, de l'immigration et de tous les marqueurs de la droite : fiscalité, pouvoir d'achat, emploi, sécurité ? Les promesses sont-elles tenues ? Sont-elles efficaces ? Quels sont les grands sujets oubliés du quinquennat ?

C'est à RMC, devant la machine à café, en échangeant après une émission avec Jean-Thomas Lesueur, que je suis tombé sur une véritable perle *Le Baromètre des réformes de Nicolas Sarkozy*. Un document d'une trentaine de pages, réactualisé tous les six mois par les économistes de l'Institut Thomas-More, qui fait le point, promesse électorale par promesse électorale, réforme par réforme, sur l'action gouvernementale[1]. Un condensé majeur, peu connu du grand public, car diffusé assez confidentiellement. Bien évidemment, la perspective d'entrer en possession du *Baromètre 2011* m'excitait beaucoup. J'allais enfin savoir : Sarkozy avait-il fait de vaines promesses aux Français ? Pas facile de déchiffrer les trente et une pages du rapport : beaucoup trop de tableaux… Mais voici, en quelques lignes, le résumé des principaux enseignements de cette étude.

Avant son élection, le 6 mai 2007, Nicolas Sarkozy a fait 490 promesses de campagne, dont la plupart sont inscrites noir sur blanc dans son programme politique. À partir du 7 mai 2007, l'Institut Thomas-More a recensé 829 autres annonces faites par le chef de l'État au cours de ses déplacements en province ou à l'étranger, lors de ses rencontres, de ses visites, des conférences de presse. Ce qui porte à 1 319 le nombre total des promesses et engagements présidentiels réalisés entre la campagne de 2006-2007 et Noël 2011.

Sur ces 1 319 annonces, les analystes ont établi que 1 246 ont été traitées par la puissance publique. C'est-à-dire qu'elles ont fait l'objet d'un véritable examen approfondi par des instances gouvernementales ou administratives (certaines ayant été laissées de

---

1. 9ᵉ édition du *Baromètre*, novembre 2011.

côté et d'autres ayant fait l'objet d'un suivi). En revanche, 73 de ces 1 319 promesses n'ont jamais été traitées, comme par exemple la création d'un lieu de mémoire dédié à la guerre d'Algérie, un signe que le Président souhaitait envoyer aux harkis avant son élection, mais qui ne sera suivi d'aucun effet.

Mais le plus intéressant, le voici : sur un total de 1 319 promesses faites aux Français tout au long de la campagne et de la mandature, il apparaît que 931 ont été réalisées ou sont en cours de réalisation ! Ce chiffre n'est pas anodin : il signifie que le président de la République a tenu 70,55 % de ses promesses électorales, à six mois de la fin de son mandat, malgré le cataclysme financier de 2008 et la crise européenne de 2011. Et tout cela, selon l'analyse d'un très sérieux *think tank* libéral, d'obédience plutôt antisarkozyste !

Dessiner les contours d'un bilan... Par où commencer ? Par la tempête du siècle bien sûr. Un an à peine après l'arrivée de Sarkozy au pouvoir, elle a sérieusement obéré les chances du nouveau locataire de l'Élysée. Redonner du souffle au pays devenait une chimère. Relancer la France dans la compétition internationale, un fantasme de pigiste de *Libération*. Car, répétons-le cent fois : la faillite de la banque d'affaires Lehman Brothers, aux États-Unis, et ses conséquences, ont provoqué la plus importante crise économique et financière depuis la

Grande Dépression des années 1930. Un Jeudi noir puissance dix, qui a changé les données du quinquennat, obligeant le pouvoir à multiplier les volte-face et les contorsions pour rétablir la France. Et fournissant par là même à la gauche tous les arguments pour railler ce Président qui avait osé lancer, quelques mois plus tôt, le « travailler plus pour gagner plus ». Pour Besancenot, Mélenchon, et les socialistes à gauche, pour Villepin, Dupont-Aignan, Marine Le Pen à droite, et pour Bayrou au centre, il suffisait désormais d'appuyer là où ça faisait mal : coup de frein à la croissance, à la hausse des salaires, reprise du chômage, pouvoir d'achat en berne, peur face à un avenir incertain, etc.

Pourtant, Sarkozy a tenu. Certains de ses adversaires, avant la campagne électorale, ont eu l'honnêteté de le reconnaître du bout des lèvres. Que lui doit-on ? Beaucoup. L'organisation du G20, le sauvetage des établissements bancaires, la mise en place du plan de relance de 28 milliards d'euros, avec d'importants programmes d'investissements publics, ciblés, dans des régions stratégiques, la création du médiateur du crédit, les initiatives internationales pour progresser vers une régulation des marchés, la naissance du Fonds stratégique d'investissement, la prime à la casse pour maintenir l'industrie automobile française à flot... Conséquence, alors qu'au lendemain de la crise de 2008, l'activité était en berne dans le monde, la France n'affichait qu'une récession de 2,5 % en 2009, soit moitié moins que l'Allemagne.

Depuis, la France a renoué avec la croissance, certes timide et insuffisante. Et le chef de l'État a supprimé la taxe professionnelle pour renforcer la compétitivité des entreprises. Reste l'enjeu des finances publiques. Le point noir. Notre talon d'Achille. En 2010, l'effondrement des recettes de l'État pendant la crise a fait grimper le déficit à 7,7 % du PIB et la dette à 83 % ! Y avait-il une autre solution que de s'astreindre à un comportement vertueux pour ramener le déficit à 4,6 % en 2012 et à 3 % en 2013 ?

Face au séisme de 2008, face à ce changement de paradigme, le Président n'a pas démérité. Pourtant, nous avions élu en 2007 un super-consultant senior de chez KPMG, un analyste financier, un *cost killer* – le contraire de ce que réclamèrent les Français, après le krach. Au cœur de la crise, la gauche a bien raillé le petit homme remuant qui essayait de faire rempart de son corps contre l'environnement hostile. Elle a moqué ce Président qui peinait à se façonner une silhouette rassurante d'homme d'État, à endosser le pardessus protecteur du *pater familias*. Et pourtant, quoi qu'on en dise, Nicolas Sarkozy est parvenu à représidentialiser son image. Et cela, sans renoncer à sa politique réformatrice. Dans l'adversité, les principes d'action fixés par le chef de l'État n'ont jamais varié : encourager le travail, plutôt que l'assistanat ; protéger les victimes d'agression, plutôt que les délinquants ; réduire la dépense publique, plutôt qu'augmenter les impôts des Français ; réaffirmer les valeurs de la République contre le communautarisme ; miser sur un développement durable, plutôt que sur la décroissance. Oui, Sarkozy a remarquablement manœuvré, démontrant une capacité à affronter les situations d'urgence avec un sang-froid que les Français ne lui connaissaient pas. Lors de ses vœux aux partenaires sociaux en janvier 2010, le Président reprenait à son compte le célèbre proverbe : « Quand je m'ausculte, je m'inquiète ; quand je me compare, je me rassure[1]. »

Ainsi, furent augmentés provisoirement les effectifs de Pôle emploi pour accueillir l'afflux de chômeurs supplémentaires. Ainsi, des « mesures de solidarité » furent prises pour soutenir le pouvoir d'achat de près de 10 millions de ménages modestes : suppression en 2009 des deux tiers provisionnels de l'impôt sur le revenu et versement d'une prime exceptionnelle de 150 euros... Qui s'en souvient ? Ainsi, le « Président des riches » a augmenté la participation de l'État au financement du chômage partiel, afin d'éviter que les salariés, victimes de la crise, ne soient licenciés. Les instruments mis en place à l'occasion

---

1. *Le Post*, 21 janvier 2011.

de la crise, pour soutenir l'économie et l'emploi ont bénéficié, au total, à plus de 3 millions de salariés et demandeurs d'emploi. L'indemnisation du chômage partiel a été revue pour prévenir les licenciements économiques : plus de 530 000 salariés en ont bénéficié. Par ailleurs, 950 000 contrats aidés ont également permis de maintenir en activité des personnes en situation précaire. Enfin, le principe de la suppression des charges pour les nouveaux emplois, créés dans les très petites entreprises (TPE), a favorisé 1,2 million d'embauches depuis décembre 2008. Faut-il rappeler que, grâce à ces mesures et à d'autres, le nombre de chômeurs a moins augmenté en France pendant la crise (+ 33 %), que dans la plupart des pays occidentaux : + 50 % en Grande-Bretagne ou + 121 % aux États-Unis ?

Restaient les « boules puantes » accumulées par des années d'immobilisme. La fusion des Assédic et de l'Agence nationale pour l'emploi dans une structure unique, Pôle emploi, était dans les tuyaux depuis longtemps. Mais chacun, jusqu'à présent, avait soigneusement évité ce roncier. Pas Sarkozy.

Il en va de même pour la réforme des retraites. Une évolution choquante pour nombre de Français, car elle touchait au logiciel national. Un projet de réforme qui allait jeter dans la rue des millions de manifestants durant l'automne 2010 : lycéens, étudiants, fonctionnaires, enseignants... La gauche, les partenaires sociaux allaient faire montre d'une opposition d'autant plus vaine que tous les experts s'accordaient à dire qu'il aurait fallu établir l'âge limite de départ à la retraite à 67 ans, pour parvenir à équilibrer le système français.

Qui se souvient encore qu'au début de l'année 2010, une partie de la gauche, de la presse et des grands « éditocrates » militaient pour une réforme des retraites ? Le 23 mars 2010, Alain Duhamel lançait sur RTL : « La réforme des retraites, c'est la plus urgente, la plus nécessaire. » « C'est incontournable », martelait le futur président socialiste du Sénat, Jean-Pierre Bel. Même Jean-Michel Aphatie avançait devant Jean-Luc Mélenchon : « Comment peut-on combler ce trou financier sans augmenter la durée du travail des cotisants ? » Christophe Barbier, de *L'Express*, proposait, le 25 mars 2010, de mettre « un grand coup d'accélérateur, immédiat et irréversible [...] afin d'accomplir les réformes les plus essentielles. Celle des retraites et des coûts sociaux, d'abord. Que la franchise des débats sauve le système français une fois pour toutes ! » Alors, pourquoi la presse, habituellement antisarkozyste, a-t-elle admis le principe de la réforme des retraites ? Pourquoi les éditorialistes n'ont-ils pas fait jouer leur mortifère droit de censure, dans ce qui constituait une priorité du quinquennat de Nicolas Sarkozy ? Parce qu'à gauche, début 2010, les socialistes hésitaient encore sur la position à adopter. Nombreux étaient ceux, au PS, qui considéraient nécessaire l'allongement du temps de cotisation.

Comme un seul homme, les journalistes ont pensé bien faire et soutenu la doctrine socialiste. Pendant un trimestre, la presse a, sans le savoir, préparé le terrain à la droite. Ainsi, le 20 janvier 2010, Jean-Francis Pécresse, dans *Les Échos*, se réjouissait de l'évolution de la position de Martine Aubry : « La conversion de la première responsable d'opposition à un recul de l'âge légal de la retraite est en tout cas de bon augure. » Pour Laurent Joffrin, le 15 février 2010, sur France Info, ça ne faisait pas de doute : « La seule solution, c'est d'allonger la durée de cotisation. L'idée d'accepter l'augmentation du nombre d'annuités, on est d'accord là-dessus. » « La logique démographique et économique plaide pour un allongement de la durée de cotisation », résumait *Le Monde* dans son éditorial du 16 février 2010.

Quand Olivier Besancenot s'est ému de cet unanimisme, Laurent Joffrin le tança vertement : « C'est une plaisanterie. Besancenot, il dit : "Y'a qu'à taxer les riches, c'est tout simple." Mais comme les riches ne sont pas extrêmement nombreux, il n'y aura pas assez d'argent, ça ne suffira pas » (France Info, le 15 février 2010).

Quelques mois plus tard pourtant, socialistes et journalistes opérèrent une impressionnante volte-face, apportant « un soutien courageux et sans réserve » aux syndicats et par là même aux millions de Français qui défilaient contre Sarkozy... Si aujourd'hui le PS, dans son programme pour 2012, s'engage à revenir sur cette mesure, Nicolas Sarkozy lui, est convaincu que la gauche ne touchera jamais à la réforme des retraites. Un rien amer, il commente même, en octobre 2011 : « Ce n'est pas facile de dire aux Français de travailler davantage, et c'est tellement plus simple de leur proposer n'importe quoi. » Aujourd'hui, 60 % des Français approuvent cette réforme, dont 51 % d'électeurs de gauche.

Il fallait aussi agir pour nos universités. Au début du XXᵉ siècle, l'empereur du Japon rêva de copier le système d'éducation français. L'élitisme républicain était envié au pays du Soleil levant. C'est fini. Aujourd'hui, dans les classements internationaux, nos facs sont très loin... Pouvons-nous encore caresser l'espoir de donner naissance, en France, à des universités d'un niveau équivalent à Oxford ou Harvard ?

Dès juin 2007, Nicolas Sarkozy s'est attelé à la réforme des universités, une de ses 1 319 promesses de campagne. Son dessein : moderniser nos campus vieillissants, concurrencés en France par les grandes écoles et à l'étranger par de prestigieuses universités. « Je suis favorable à l'autonomie des universités. Il m'apparaît qu'entre deux modèles, celui d'un établissement ne faisant que respecter des règles et procédures centralisées, déterminées par les ministères ou des commissions nationales, et celui d'une université capable d'élaborer collégialement un projet et dotée des moyens et de l'autonomie nécessaires pour les mettre en œuvre, il n'y a guère à hésiter[1]. » Qui parle ? Valérie Pécresse, chargée de mettre en œuvre cette réforme, en 2007 ? Un cacique de l'UMP ? Un journaliste du *Figaro Magazine* ? Non. Le généticien Axel Kahn, président de l'université Descartes, opposant résolu de Nicolas Sarkozy, qui a intégré l'équipe de campagne de Martine Aubry pour les primaires socialistes. Mais qu'importe l'avis de quelques consciences de gauche lucides ! La réforme est décriée par une majorité de chercheurs et d'enseignants. Valérie Pécresse, alors ministre de l'Enseignement supérieur et de la Recherche, est plus que chahutée par deux mouvements sociaux d'une rare violence. Culturellement, Sarkozy et Pécresse opèrent un changement assez radical. Avec la réforme, les présidents de fac deviennent de véritables managers, pouvant recruter les compétences qu'ils souhaitent avoir sur leur campus. Ils disposent désormais d'une enveloppe financière importante pour mener, de façon autonome, leur politique de

---

1. *Futura-Sciences*, 26 février 2009.

formation et de recherche. De surcroît, ils sont aujourd'hui tenus de rendre des comptes : chaque faculté étant évaluée sur la qualité de ses productions et sa capacité à insérer ses étudiants dans le monde du travail.

Aujourd'hui, 90 % de nos universités sont autonomes, leur image de marque s'améliore et des professeurs étrangers reviennent enseigner dans nos amphis. « Cette loi, confie Valérie Pécresse, c'est leur fierté retrouvée. Nos établissements sont désormais décomplexés à l'égard du monde économique et des grandes écoles[1]. » Cette réforme – que personne n'avait osé entreprendre avant Sarkozy – restera un des marqueurs du quinquennat.

Autre chantier très contesté par la gauche et les journalistes : le bilan sécuritaire. Il constitue un enjeu majeur pour le Président, comme pour ceux qui contestent sa légitimité sur le sujet. La sécurité, on le sait, est consubstantielle à la sarkozie. Et pas seulement depuis 2007, mais depuis 2002, lorsque Nicolas Sarkozy s'est installé une première fois place Beauvau, dans le fauteuil du ministre de l'Intérieur. On se souvient que la sémantique de Nicolas Sarkozy tranchait singulièrement avec celle de son prédécesseur, Daniel Vaillant. Les socialistes éprou-

---

1. *Le Figaro*, 23 avril 2011

vaient alors une certaine honte à aborder le sujet de la sécurité. Lors de la campagne électorale de 2002, ne prétendaient-ils pas que l'insécurité était une création de la droite, et que seul existait le « sentiment » d'insécurité ?

Malheureusement, la RGPP a limité les recrutements de policiers et les coupes claires dans les effectifs n'ont pas favorisé les redéploiements sur le terrain. Mais, à effectif quasiment constant – si l'on en croit de nombreux responsables de la Police nationale –, la France a connu en 2010 sa huitième année consécutive d'amélioration de la courbe de la délinquance, mesurée selon la même méthodologie depuis plusieurs décennies. Le nombre total de crimes et délits constatés a baissé de 17,5 % entre 2002 et 2010. Il est intéressant de noter au passage qu'il avait augmenté de 15 % entre 1997 et 2002, sous le gouvernement de Lionel Jospin. De même, le taux d'élucidation des crimes et délits a progressé de plus de moitié : il se situe aujourd'hui à 38 % contre 25 % en 2001.

Enfin, souvenons-nous de ces réformes jugées impossibles avant Sarkozy : la fusion des RG et de la DST, aujourd'hui regroupés au sein de la DCRI, la Direction centrale du renseignement intérieur ; le développement de la vidéoprotection : près de 35 000 caméras ont été installées en France à ce jour sur la voie publique ; le redéploiement des commissariats et des brigades et surtout « l'impossible » rapprochement historique entre la gendarmerie et la police, sous l'autorité du ministre de l'Intérieur, afin de parvenir à une meilleure coordination opérationnelle des forces de l'ordre sur l'ensemble du territoire ont été menés à bien. À ce jour, les GIR (groupes d'intervention régionaux) ont traité plus de huit mille affaires.

Sur le plan de l'immigration, Nicolas Sarkozy avait fait le choix d'innover, en militant pour l'immigration « choisie » plutôt que « subie ». Mais la crise a contraint le chef de l'État à revoir sa copie en diminuant le seuil de l'immigration légale. La France, comme ses voisins européens, a dû juguler la pression migratoire née des révolutions arabes. Ceux qui y ont vu, une fois encore, un clin d'œil à l'extrême droite, en sont pour leurs frais, car la totalité des étrangers en situation irrégulière reconduits dans leur pays d'origine n'a jamais dépassé les trois mille par an sous Nicolas Sarkozy, un chiffre très bas, de nature à servir d'argument électoral majeur à Marine Le Pen. Notons au passage que l'expression même d'« immigration choisie » est la reconnaissance implicite de la nécessité, pour la France, d'intégrer des migrants.

Puisque nous en sommes à l'heure du bilan, la stature internationale de Sarkozy constitue sans doute un chapitre essentiel du roman de son quinquennat. Libye, Syrie, Palestine, Grèce, Europe : Sarkozy a remis le Quai d'Orsay et la France au cœur de l'équation internationale. Ça n'est pas l'un de ses moindres succès.

Le 25 octobre 2007, dans la salle des fêtes de l'Élysée, Nicolas Sarkozy prenait des engagements sans précédent en matière d'environnement, évoquant un « plan Marshall pour la France, comme pour la planète ». Conclusion du Grenelle de l'environnement qui avait réuni, sous la houlette de Jean-Louis Borloo, entreprises, collectivités territoriales, ONG et syndicats. Une première. Deux lois furent adoptées : Grenelle 1, en août 2009 et Grenelle 2, un an plus tard.

À en croire Les Verts, il ne s'est rien passé depuis et l'État se désintéresse du devenir de la planète ! Caricature. Car les décrets se sont succédé : nouvelle réglementation thermique appliquée pour les bâtiments neufs, développement du transport durable, renforcement de la fiscalité écologique (bonus-malus, future taxe poids lourds, etc.).

Certes, tout n'a pas été mis en œuvre, la crise économique est passée par là... Et certaines promesses attendront des jours meilleurs. Comme la taxe carbone. Cela n'empêche pas la France d'être en pointe sur la scène internationale pour arracher des décisions et obtenir des résultats dans la lutte contre les émissions de gaz à effet de serre ou la protection de la biodiversité. Sur la question du nucléaire, Nicolas Sarkozy a rappelé lors d'une visite à Pierrelatte dans la Drôme, le 25 novembre 2011, qu'il est bien l'héritier d'un consensus français vieux de soixante-cinq ans, sur un secteur qui emploie 240 000 personnes. Il a réaffirmé sa foi dans la construction en cours d'un réacteur EPR de nouvelle génération à Flamanville dans la Manche et dans un second projet prévu à Penly, en Seine-Maritime. L'occasion de moquer les errements d'un François Hollande qui « tourne le dos au progrès », en réclamant la fermeture de vingt-quatre réacteurs nucléaires sur cinquante-huit !

De nombreuses mesures ont permis à la France d'avancer sur le terrain de la démocratie. La Constitution française permet désormais à la souveraineté populaire de s'exprimer plus facilement grâce à une procédure référendaire beaucoup plus simple. Un cinquième des membres du Parlement ou un dixième des électeurs inscrits peuvent exiger un référendum. La révision constitutionnelle, votée le 21 juillet 2008, a renforcé les pouvoirs du Parlement. Celui-ci dispose, en théorie, de la moitié des projets de loi mis à l'ordre du jour et d'un droit de veto sur les 52 nominations les plus importantes du chef de l'État. En outre, cette réforme consacre l'ouverture de la saisine du Conseil supérieur de la magistrature (CSM) aux justiciables, qui peuvent également, depuis le 1er mars 2010, contester devant la justice la constitutionnalité de certaines lois. C'est ce qu'on appelle la « question prioritaire de constitutionnalité » (QPC).

Mentionnons aussi la réforme des collectivités territoriales, votée le 17 novembre 2010. Elle devrait mettre enfin un terme à l'enchevêtrement des compétences, avec la création des conseillers territoriaux qui remplaceront, en 2014, les conseillers généraux et régionaux. Objectif : alléger le maillage des collectivités en France, plus lourd que partout ailleurs dans le monde, et ainsi permettre des économies de gestion. Un projet de réforme qui a coûté cher à l'UMP, puisqu'il a provoqué le glissement du Sénat à gauche. Chacun sait qu'aux élections sénatoriales de septembre 2011, les grands électeurs (élus des collectivités de droite, comme de gauche) ont voté massivement pour des sénateurs de gauche, en dépit de leurs appartenances politiques... dans le seul but de ne pas disparaître.

Surtout ne pas se leurrer ! Un quinquennat ne suffira pas à modifier en profondeur un système de santé comme le nôtre où les résistances sont aussi fortes que les idées reçues. Ce n'est pas le moindre de ses succès, « Sarko le dépensier » a réussi le tour de force de juguler la hausse ininterrompue du déficit de la Sécurité sociale. Le fameux « trou de la

Sécu » ne devrait pas dépasser les 18,5 milliards d'euros en 2011 et les 14 milliards en 2012, après un déficit record de plus de 23 milliards en 2010 !

Au chapitre des recettes : davantage de cotisations entrées dans les caisses, avec une augmentation de 3,7 % de la masse salariale et la réforme des retraites qui a commencé à alléger le déficit de la branche vieillesse. Mais le grand chantier commencé en 2009 avec la loi « Hôpital, patients, santé et territoires » (HPST) n'en est qu'à ses débuts... Après la mise en place des agences régionales de santé (ARS), le gouvernement s'est attaqué à la modernisation des hôpitaux en encourageant, sur un même territoire de santé, la complémentarité et les partenariats public-privé entre CHU, CH, cliniques privées, structures médico-sociales. Les pouvoirs des directeurs d'hôpitaux ont aussi été renforcés, une révolution ! L'un des points noirs restant : les « déserts médicaux », autrement dit ces régions sinistrées, abandonnées par les médecins alors que la population médicale augmente. Les pistes pour remédier à cette situation sont complexes. L'une d'elles, contenue dans la loi HPST, consiste à « déterminer le nombre de postes d'internes en fonction des besoins des régions, et à dresser un schéma régional, non obligatoire, visant à mieux répartir les médecins libéraux sur le territoire « dans le respect de la liberté d'installation ». Un exercice qui s'annonce périlleux.

En attendant, notre système de santé vieillissant n'avait pas connu un tel bouleversement – nécessaire – depuis des décennies. Les prédécesseurs de Nicolas Sarkozy s'étant toujours refusés à l'amender, de peur de s'attirer les foudres des Français, très épidermiques sur les questions de santé.

La justice aussi a connu son lot de réformes. Une peine plancher pour les récidivistes a été instituée. 300 tribunaux ont été supprimés. Le gouvernement s'est empressé de créer une nouvelle carte judiciaire, réclamée à cor et à cris depuis des décennies par les syndicats d'avocats et de magistrats... Ceux-là mêmes qui n'ont pas manqué de descendre dans la rue pour s'opposer avec virulence à la réforme menée par le garde des Sceaux ! Des jurés populaires siégeront désormais aux côtés des magistrats professionnels dans les tribunaux correctionnels et les juridictions d'application des peines. La justice sera alors vraiment rendue au nom du peuple.

Sur les centaines de réformes initiées en cinq ans, on pourra retenir : l'indispensable RGPP (Révision générale des politiques publiques), qui a permis d'économiser plusieurs milliards d'euros ; la valorisation de la formation et de l'apprentissage (70 % des jeunes qui ont choisi cette voie trouvent ensuite un emploi durable) ; les mesures de soutien à l'embauche dans le cadre du plan d'urgence pour la jeunesse – des mesures qui portent à 1 million le nombre de jeunes formés par cette voie ; la création du régime des auto-entrepreneurs ; la réforme de la représentativité syndicale (maintenant, pour exister, un syndicat devra récolter au moins 10 % des voix aux élections professionnelles et 8 % sur le plan national) ; la loi Hadopi contre le piratage des œuvres culturelles ; l'extension du travail le dimanche ; la rénovation urbaine – initiée en 2004, la politique de rénovation urbaine est montée en puissance tout au long du quinquennat : près de 400 000 logements ont été réhabilités, plus de 150 000 ont été démolis et autant ont été reconstruits (sur les 12 milliards d'euros du plan national de rénovation urbaine, près de la moitié a désormais été engagée) ; la suppression de la publicité à la télévision publique après 20 heures : une décision critiquée par la gauche. Cela faisait pourtant des années que la rue de Solférino réclamait cette mesure, une double peine pour les citoyens français qui paient déjà la redevance audiovisuelle ; l'aide à la dépendance ; la suppression du bouclier fiscal ; l'aménagement de l'impôt de solidarité sur la fortune...

Le bilan de Monsieur 70,55 % va bien au-delà de cette énumération non exhaustive, puisque 931 réformes ont été initiées ou sont en cours de réalisation. Il apparaît que l'idée d'un « Sarkozy bonimenteur », qui n'aurait pas tenu ses promesses, qui n'aurait pas respecté sa feuille de route, est une ineptie. Sarkozy n'a pas trompé les Français. Il est demeuré transparent, réformant le pays comme jamais. C'est la raison pour laquelle la plupart des partisans du statu quo en sont pour leurs frais : représentants politiques de l'opposition, militants syndicaux, représentants associatifs, hauts fonctionnaires, magistrats, enseignants, chercheurs, journalistes, intellectuels...

Dépossédés de leurs prérogatives par ce toboggan de réformes menées tambour battant, ils sont peu à peu devenus des ennemis du changement. Parce qu'il disposait de peu de temps pour agir, Sarkozy a heurté de plein fouet leurs conservatismes, il a troublé le sommeil de ces dinosaures enfermés dans leur gangue de glace. En réformant parfois sans ménagement, il a rebattu les cartes d'une société habituée à pantoufler, faisant naître de farouches inimitiés. Et, plus étonnant, dans ces grands bouleversements, il s'est adjoint des soutiens inattendus, comme ceux de nombre d'artistes célèbres, au moment où le gouvernement se battait contre l'opposition et ses relais d'opinion dans les sphères de la culture, pour imposer la loi Hadopi sur la protection des œuvres culturelles françaises.

« Et n'oublions pas la limitation du pouvoir présidentiel à deux mandats, sourit Franck Louvrier. Ça paraît accessoire. Et pourtant Nicolas Sarkozy est persuadé qu'on ne reviendra jamais dessus, car il a ajusté le temps présidentiel à la France moderne, il a fait coïncider la Ve République avec l'évolution de la vie, sans toucher aux principes de la Constitution. »

N'oublions jamais M. Karamanlis...

Automne 2009, la Grèce doit choisir entre le leader de la droite, le Premier ministre sortant, Konstantinos Karamanlis, et le socialiste Georges Papandréou. Karamanlis n'est pas vraiment dans la « cool attitude » : il prône le gel des salaires et des retraites des fonctionnaires, il plaide aussi pour une augmentation urgente des tarifs publics : énergie, transport, etc. Face à ce programme austère, le socialiste Papandréou promet la fête : augmentation des traitements des fonctionnaires et des retraites, gel des tarifs publics. Au total, plus de 3 milliards d'euros de dépenses supplémentaires. Une coquette somme pour le petit État grec. Les électeurs n'ignorent rien de la situation économique de leur pays. Pourtant, le 4 octobre 2009, le socialiste Georges Papandréou remporte les élections aisément. Le lendemain, il annonce le lancement de son « pacte de croissance et de stabilité ». Quelques mois plus tard, la Grèce s'écroule.

Pourquoi Sarko va gagner

« L'État est cette grande fiction par laquelle chacun s'efforce de vivre aux dépens des autres[1] », écrivait l'économiste français Frédéric Bastiat. François Hollande et son entourage sont-ils déterminés à ne pas sombrer dans l'impéritie et l'irresponsabilité ? Car la question demeure : comment les socialistes, malgré leurs efforts de recentrage, pourraient-ils répondre aux *désirs d'avenir* d'un corps social habitué aux revendications irréalistes ? Comment ne pas désespérer Billancourt quand Billancourt espère tant : davantage de services publics, d'hôpitaux, de médecins, d'infirmières, de maternités, de centres médico-sociaux, de tribunaux, de magistrats, de profs, de policiers, de gendarmes dans les zones rurales, d'agents de sécurité dans les bus et dans les trains, de TER, de médiateurs sociaux culturels dans les quartiers, de logements sociaux, de bureaux de poste dans la France rurale, de casernes de pompiers, d'augmentations de salaires, de hausses des minima sociaux, d'aides au logement pour les Français les plus modestes, de services gratuits, d'indemnisations pour les chômeurs et pour les plus démunis, de prises en charge de la précarité, de légalisations des immigrés clandestins, de naturalisations...

---

1. Extrait de l'édition originale en 7 volumes (1863) des œuvres complètes de Frédéric Bastiat, tome IV, p. 327-341.

N'oublions jamais M. Karamanlis...

Les socialistes souhaitent-ils revenir à la France des années Mitterrand ? Il y a là un quiproquo majeur à gauche, qu'il faut lever. « Je me demande si le conservateur, ce n'est pas vous », avait lancé Nicolas Sarkozy à François Hollande, en 2005, lors d'un débat sur RTL...

Ce matin, je marche dans la rue, ma nouvelle carte d'électeur à la main. Je souris en regardant ce petit bout de carton aux couleurs de la République : l'abstentionniste indécrottable que je suis ira-t-il jusqu'au bout dans sa volonté de participer à la grande fête démocratique du printemps 2012 ? Je l'espère. Et si j'ai un coup de mou, le matin du vote, je vous promets de penser à l'échec de M. Karamanlis.

Table

DU MÊME AUTEUR

La Bêtise administrative, Albin Michel, 1998.

60 millions de cobayes. Consommateurs, vous êtes en danger, Albin Michel, 1999.

Être de droite, un tabou français, Albin Michel, 2006.

Être riche, un tabou français, Albin Michel, 2007.

Dans la tête d'un réac, NiL, 2010.

Composition Nord Compo
Impression CPI Bussière en janvier 2012
à Saint-Amand-Montrond (Cher)
Éditions Albin Michel
22, rue Huyghens, 75014 Paris
www.albin-michel.fr

ISBN : 978-2-226-23865-8
N° d'édition : 19938/02. – N° d'impression : 120027/4.
Dépôt légal : janvier 2012.
Imprimé en France.